ORAISON FVNEBRE,
SVR LA MORT DE
Monſieur de RONSARD,

Par I. D. du PERRON *Lecteur de la Chambre du Roy.*

A PARIS,

Par FEDERIC MOREL Impri-
meur ordinaire du Roy.

M. D. LXXXVI.

Auec Priuilege dudict Seigneur.

Essievrs, ie croy qu'il n'y a per-sonne en ceste com-pagnie qui ne sçache bien la fin p.our laquelle nous som-mes assemblez maintenant, qui est de nous acquiter du dernier office que nous sommes tous tenus de rendre à la memoire de feu Monsieur de Ronsard. Ce qui me le faict pen-ser, c'est que la pluspart de ceux qui sont icy presents, ont assisté au seruice & aux ceremonies que lon a acoustu-mé de faire en telles occasions, & ont aidé à les celebrer le plus solennelle-ment & le plus honorablement qu'il leur a esté possible. Et puis oultre cela, quand il n'y auroit autre chose que la reuerence & l'attention, auecques la-quelle ie voy que vous desirez d'en-

A ij

tendre mes parolles : cela seroit assez pour me conuier aucunement à le croire, & pour me tesmoigner par mesme moyen, que vous louëz & approuuez nostre intention, comme estant accompagnee de beaucoup de pieté. Ce que j'estime seulement que vous trouuerez estrange, c'est comme i'ay eu le courage & l'asseurance de me presenter icy pour cest effect plustost qu'vne infinité d'autres personnes, qui s'en fussent acquittees, si non selon le merite & l'excellence du subiect, pour le moins plus dignement & plus heureusement que ie ne l'ose esperer. Et pour vous dire la verité, quand ie considere à bon escient la charge que ie prens maintenant, ie ne me trouue pas moins estonné moimesme de voir que les parolles de mes amis aient eu tant de poids & d'authorité en mon endroict que de

me

me faire entreprendre vne chofe à laquelle mes forces font fi inegales & fi
inferieures.   Auffi certainement ce
n'a pas efté fans auoir longuement
combatu en moimefme, & fans auoir
refifté vne infinité de fois aux hon-
neftes admonitions de ceux qui m'en
follicitoient, que ie me fuis laiffé vain-
cre à leur perfuafion.   Car comme
d'vn cofté ie regardois que ce m'eftoit
beaucoup de gloire d'auoir rencontré
vn fubiect auquel on ne peut iamais
auoir faulte de parolles ny de matiere,
c'eft à fçauoir la louange & la recom-
mandation de Monfieur de Ronfard,
de laquelle il me fera toufiours plus
difficile de trouuer la fin que le commencement, & où ie n'auray pas
tant de peine de m'eftendre & de
m'amplifier, comme de me mefurer &
de me retenir : Auffi d'autre cofté ie
confideroy que cela mefme que lon

pense qui m'apportera de l'auantage,
ne me causera rien que de l'incommodité, pource que tant plus sa vertu me
donnera de subiect & de matiere, &
tant plus cela preparera les auditeurs à
attendre de moy des louanges infinies
& correspondantes à son merite. tellement que ceste grande lumiere au
lieu de me luire & de m'esclairer, ne
me seruira d'autre chose, sinon de
m'apporter de l'ombre & de la confusion, & de me reduire à vne mer-
ueilleuse extremité, qui est d'auoir à
parler d'vn subiect, duquel quelque
chose que i'espere d'en pouuoir dire,
si est-ce que lon en aura tousiours attendu d'auantage que ce que i'en auray dit: de sorte que si ie n'eusse ad-
iousté à toutes ces considerations celle de la pieté & de l'obligation que
i'ay à la memoire de feu Monsieur de
Ronsard, il m'eust esté bien difficile

de

de ceder à toutes les autres choses que
lon me proposoit. Mais ie confesse
franchement, que celle la seule a eu
plus de puissance & d'authorité en
mon endroit, que le soing de ma reputation, & de l'opinion laquelle ie
voyoy q̃ ie vous alloy donner de mon
insuffisance & de ma temerité. Car outre ce que toute la France en general
doibt à sa vertu & son merite, cõme
estant vn des plus grãds & des plus di-
gnes ornements, dont elle a iamais eu
subiect de se glorifier à l'endroict des
autres nations : encore auecques cela
pour mon particulier i'ay tant de
chaisnes & de liens qui m'obligent à
aimer & honorer sa memoire, qu'il
n'y a pas d'apparence que ie luy puisse
manquer à ceste occasion, sans me
rendre coulpable d'vne trop grande
ingratitude. Ie ne parleray point seulement de l'estude de la poësie, à la-

quelle aiant eu de tout temps beaucoup d'inclination & de naturel, & par
mesme moien beaucoup d'obligation
de le cherir & de le reuerer, plus que
personne du monde, il a tousiours pris
la peine de m'y seruir de Pere & de
Precepteur, & de me communiquer
priuément & familierement, tout ce
qui pouuoit aider à mon intention,
comme si c'eust esté à son propre en-
fant : mais mesme ie diray qu'en toutes les autres occasions qui se sont
presentees, il m'a tousiours tant monstré d'effects d'vne affection & d'vne
bienveuillance paternelle, qu'il m'est
aduis que ie ne luy puis nier aucuns
offices, sans m'accuser de sacrilege &
d'impieté. Que si c'estoit anciennement la coustume entre les citoiens
Romains, que ceux desquels les peres
estoient nouuellement decedez, al-
loient eux mesmes en la place de deuant

uant le Capitole faire des oraiſons &
des declamations funebres ſur leurs
vrnes & ſur leurs cédres, pour teſmoi-
gner leur affliction au public, & par
meſme moyen inciter les eſprits de
ceux qui les eſcoutoyent, à pitié & à
compaſſion. Il me ſemble que i'ay
beaucoup plus de ſuject d'exercer ceſte meſme pieté à l'endroit de feu
Monſieur de Ronſard, comme ayant
eu ceſt honneur d'eſtre conioinct a-
uecques luy, & de luy appartenir, non
pas par vne conſanguinité charnelle
& corporelle, mais par vn lien beaucoup plus ſainct & plus inuiolable,
c'eſt à ſçauoir, par vne alliance & par
vne parété ſpirituelle. Ainſi dõc il me
ſemble que ie ſuis aucunement excu-
ſable, ſi ie pêſe que ceſte derniere actiõ
me regarde plus particulieremét que
beaucoup d'autres perſonnes, qui ſe
fuſſent peu preſenter pour ceſt effect.

B

Que si ce pendant qu'il a esté en ce
mode, il a pris quelque plaisir & quelque contentement à mes parolles, &
si ceste voix qui est maintenant debi-
le & affligee pour l'ennuy que i'ay
souffert de sa mort, luy a autresfois e-
sté agreable, ie croy certainement que
le plus doux effect qu'il en reçeut iamais, c'est ce deuoir & cest office que
ie luy rends maintenãt. Non pas toutesfois que ie me vueille reseruer ceste gloire à moy seul, & empescher les
autres qui y apporteront autant d'affection, & comme i'espere d'auantage
de suffisance, d'y estre receuz, & d'y
participer: tant s'en fault, ie ne pretẽds
autre chose que de les animer & de les
inciter, si non par mon exemple, pour
le moins par mon emulation, à suyure
vne si belle & si glorieuse entreprise,
esperant que ce sera vne matiere & vn
argument de s'exercer à l'aduenir à

tous

tous ceux qui voudront combatre de
la louange de bien dire, comme aussi
ils ne sçauroyent faire chose plus ho-
norable, ny pour eux ny pour l'eloquence mesme, que de l'employer à
vn si digne & excellét suject. Ce pendant quant à moy, ie me contenteray
d'auoir eu ceste bonne rencontre de
commencer le premier, & monstrer
le chemin aux autres en ceste saincte
& deuote action : & prieray ceste belle Ame de me pardonner, si ie ne puis
atteindre à representer parfaictement
son excellence & sa valeur. Ce me sera assez d'en faire seulement les premiers traits & les premiers lineaméts,
c'est à dire, de toucher quelque chose
de ses louanges en general, & puis ie
bailleray le tableau à ceux qui viendront apres moy, pour y adiouster les
couleurs & les autres beautez & ornements de la peinture : leur iurant &

promettant en faine confcience, que
ie n'auray point de regret d'eftre fur-
monté par eux en vne fi belle contention : au contraire que ie me fentiray
fort honoré de facrifier ma gloire &
ma reputation au merite d'vn fi grand
perfonnage : côme auffi ie croy qu'ils
ne me porterôt point d'enuie de leur
cofté, & né penferont point que i'aye
aucun aduantage fur eux, pour auoir
commencé le premier à parler de ce
fujeét : eftant la matiere fi ample & fi
fertile d'elle mefme, qu'il leur en refte-
ra toufiours beaucoup plus à dire que
ie n'en auray dit: outre ce que les chofes font difpofees de telle forte, que
fi nous auions efgard à noftre gloire particuliere, il me femble que i'au-
rois le plus d'occafiô de me plaindre.
Car ie commence en vn temps que le
mal eft encores fi recent, que lon n'y
fçauroit comme toucher fans l'irriter

&

& le renouueler, & qu'il seroit plus à
propos de se seruir du silence, que des
parolles en cest endroict, iusques à ce
que vos esprits eussent eu le loisir de
s'estre accoustumez, & quasi par maniere de dire endurciz à la douleur.
Ioinct aussi que la nouueauté de vostre perte vous la fait imaginer si grande, comme à la verité elle l'est, qu'il
faudroit vne eloquence plus qu'humaine pour vous la representer telle
que vous l'apprehendez maintenant.
Et moy qui n'ay ny d'inclination naturelle à l'eloquence que mediocre-
ment, ny d'exercice à parler en public
que fort peu, & au reste qui suis pressé
d'vne si grande tristesse, qu'elle seroit
suffisante pour estonner & confon-
dre les plus excellents Orateurs : Ie
vous laisse à penser, si ce n'estoit l'e-
sperance que i'ay que luy & vous iu-
gerez de mon entreprise par l'inten-

B iij

tion, & non pas par les effects, auec
quelle asseurance ie me pourroy presenter deuant vous. Mais ie me fie
en vne seule chose, que la pieté de
mes larmes & de ma passion aura assez
de vertu en vostre endroit pour effa-
cer toutes les impressions que vous
pourriez prendre de mon impertinence & de ma presumption. Cela
sera cause que ie mettray peine de re-
primer vn peu ma douleur, & de parler auecques plus d'asseurance & de
resolution, & principalement si ie
voy que vous continuiez à me prester
la mesme attention que vous auez
faict iusques à maintenant : Chose
que i'espereray facilement de vostre
bienveuillance, pourveu que vous
consideriez combien le lieu, auquel
vous assistez, est sainct & deuot, &
combien le temps que vous y em-
ployez, vous doibt estre sacré & pre-
cieux.

cieux. Car ce ne font point icy les obfeques d'vn homme vulgaire & ordinaire comme les autres : ce font les funerailles du pere commun des Mufes & de la Poëfie. Que fi ceux qui portoiét ou cóuoyoient anciennemét leurs peres au fepulcre, y alloiét ayãts la tefte voilee & couuerte, tout ainfi que f'ils euffent affifté aux facrifices des Dieux, pour tefmoigner par cefte ceremonie exterieure, qu'ils honoroient leurs peres quand ils eftoient decedez, de la mefme façon qu'ils honoroient les dieux: Et quand ils approchoient de leurs monuments & de leurs fepultures, f'y contenoient auecques la mefme deuotion & la mefme reuerence que f'ils fuffent entrez dedans les temples des Dieux, & qu'ils euffent efté aupres de leurs autels: A plus forte raifon en ces honneurs funebres & en ce conuoy fpirituel que

nous faiſons aux cédres de Monſieur
de Ronſard, il faut que ceux qui ont
quelque inclination enuers les lettres & enuers les Muſes, y apportent la
meſme reuerence que les anciens a-
uoient accouſtumé de porter aux obſeques de leurs peres charnels & cor-
porels. Mais c'eſt trop vous preparer
à vne choſe, à laquelle ie voy que
vous eſtes deſia aſſez diſpoſez de
vous meſme : & pour ceſte cauſe il
vault mieux que nous commencions
d'entrer en propos pour dire ce que
le ſuject & l'occaſion nous preſente-
ront. Ce pendant à fin que la choſe
ſuccede mieux ſelon noſtre deſir,
nous prierons Dieu auecques la faueur & l'interceſſion de la bienheu-
reuſe Vierge, premierement qu'il
nous inſpire de ne dire rien qui ne ſoit
ſainct, & qui ne luy ſoit agreable:
& ſecondement ſi c'eſt vne requeſte

qui se puisse obtenir, qu'il nous face
la grace que nous ne diminuions rien
de la gloire & de la splendeur de ce
grand homme que nous celebrons,
par l'imperfection & par le defaut de
nos parolles.

Or la coustume de ceux qui trait-
tent des sujects semblables à cestuy
cy, c'est de faire vne narration continuelle de l'histoire & de la vie de
ceux qu'ils veulent recommander à
la posterité, commençant premierement par la description du pays,
par la qualité des parents, par la splendeur de la famille, & autres telles ob-
seruations qui precedent la naissan-
ce, pour preparer d'auantage les esprits à attendre quelque chose de re-
marquable en la suitte du discours: &
de là venans aux choses de l'institution & de la nourriture, sur lesquelles
ordinairement ils ne s'arrestent pas

C

fort long temps : & puis selon l'ordre naturel passans à ce qui est des conseils, des propos, & des actions, qui sont comme les fruicts de ces premieres semences que nous auons receuës en ieunesse : là où ils insistent principalement, & quasi totalement : d'autant que c'est la vraye vie de l'hôme que cest aage meur & parfaict, auquel nous commençons à estre à nous mesmes, & à dependre de nostre propre election : & finalement acheuans comme fait la nature des choses par la mort, & par les circonstances qui la precedent & la suyuét. Mais quant à nous, nous interromprons l'ordre de ceste narration : car apres auoir touché legerement quelque chose de ses ancestres & de ses predecesseurs, & auoir representé aucunement la premiere institution & les premiers exercices de son enfance :

fance : quand nous aurons attaint la
vigueur de l'aage qui eſt depuis l'ado-
leſcence iuſques à la vieilleſſe , nous
paſſerons toute ceſte partie ſoubs ſi-
lence, ou pour le moins la deduirons
en peu de paroles : d'autant que ce ſeroit vne impertinence de ſe vouloir
arreſter à des choſes qui ſont ſi mani-
feſtes à vn chacun : eſtant impoſſible
qu'en la vie d'vn homme comme
Mõſieur de Ronſard , qui a touſiours
eſté expoſé & conſtitué en la lumiere
du monde , & aux actions & paroles
duquel la France a ſeruy de theatre
par vn ſi long temps, il y ait rien de
caché ny d'incogneu. De là donc e-
ſtans venus aux accidens qui ont pre-
cedé ſa mort, nous les traicterons
plus particulierement , & nous y e-
ſtendrons d'auantage que ſur toutes
les autres obſeruations de ſa vie, à
cauſe que ce ſont choſes qui ſont ar-

riuees depuis si peu de temps, qu'il n'y a pas encore beaucoup de personnes qui en ayent cognoissance : & ce pendant que rien ne peut estre aduenu à vn homme si celebre comme cestuy-là, que tout le monde ne doiue estre curieux de l'apprendre & de l'escouter.

Pour commencer donc par l'origine de sa race, quât au costé paternel il l'a tiree de la Morauie, qui est vne prouince situee entre la Pologne & la Hongrie, d'vne famille, dont le chef des armes s'appelle le Marquis de Ronsard. De ceste famille il y a enuiron deux cents cinquante ans qu'il y eut vn puisné, lequel voulant cercher sa bonne auenture par les armes, sortit de sa prouince auec vne grande quantité de ieunesse volontaire qu'il emmena aueeques luy : & ne voyant point d'occasion plus à

propos

propos pour se faire paroiſtre que la
guerre qui eſtoit extremement allu-
mee de ce temps là entre les François
& les Anglois, ſe vint rendre en ce
Royaume auecques ceux qui l'ac-
compaignoient, & s'alla ranger à l'armee de Philippes de Valois: là où il le
ſeruit ſi bien en toutes les expedi-
tions qui ſe firent, & en toutes les oc-
caſions qui ſe preſenterent pour lors,
que le Roy le priſt en affection & en
amitié : & deſirant de le gratifier par
tous moyens , tant à fin de le recognoiſtre des ſeruices qu'il luy auoit
faicts, que pour l'obliger à demeurer
en ce Royaume, & à s'arreſter aupres
de luy , il luy donna vn grand nombre de terres & de poſſeſſions : ſi bien
qu'à la fin il ſe maria & s'habitua en
Vendoſmois, là où il planta comme
vne branche & vne colonie de la famille de Ronſard, qui y a touſiours

fleury iufques à maintenant.

De ceſte maiſon de Ronſard, que lon appelloit de la Poiſſoniere, à cauſe d'vne de leurs principales terres dont elle portoit le nom , ſortit Louys de Ronſard pere de Monſieur de Ronſard, dont nous honnorons la memoire à preſent, qui ſeruit Meſſieurs les enfans de France du viuant du grand Roy François, & les accompagna en leur voyage d'Heſpagne quand ils furent enuoyez en hoſtage pour ſa Majeſté, & depuis fut faict maiſtre d'hoſtel du Roy Henry ſecond à ſon auenemét à la couronne, & eut beaucoup de part en ſes bónes graces, comme eſtant homme d'agreable compagnie & de bon entendement , & au reſte qui auoit déja quelque inclination à la Poëſie, & ſe meſloit de rimer & de faire des vers ſelon le temps.

Quant

Quant à la ligne Maternelle, il a
eu cest honneur d'appartenir à vn
grand nombre des meilleures maisons de ce Royaume, comme à celle
du Bouchage, & par mesme moyen
à Monsieur de Ioyeuse, de la presence duquel ses funerailles sont
maintenant honnorees : à celle de la
Trimouille, à celle des Rouaux, & à
celle des Chaudriers : qui sont toutes races si cogneues & si signalees en
ce Royaume, par les beaux faicts
d'armes & par les heureux exploicts
de ceux qui en sont yssus, que nos histoires & nos Chroniques ne tesmoi-
gnent autre chose à la posterité. Cela
doncques suffira pour ce regard, à
fin qu'il ne semble pas que nous allions cercher dans les racines ce que
nous ne sçaurions trouuer dedans
les branches, & que ces ornements
domestiques que nous luy appliquõs

ce foit par faute de louanges & d'ornements, qui luy foyent propres &
particuliers à luy mefmes.

Quant à ce qui eft du temps de fa
naiffance, il y en a diuerfes opinions:
les vns penfent qu'il foit né l'an cinq
cens vingt deux, & qu'eftant decedé
fur la fin de l'annee derniere, il foit
mort en fon an climacterique : chofe
que l'on a remarqué eftre arriuee à v-
ne infinité de grands perfonnages,
qui ont efté par le paffé. Les autres
f'arreftent à ce qu'il en a efcrit luy-
mefme, ayant fignalé l'annee de fa natiuité par la prife du Roy François,
comme ordinairement il fe rencontre de ces accidens notables à la naiffance des hommes illuftres & des
grãds perfonnages. Là où nous pouuons encore remarquer en paffant,
que la prife du Roy François deuant
Pauie, qui eft l'accident duquel il a
voulu

voulu illuſtrer l'annee de ſa natiuité, ſe rencontre iuſtement en vn meſme iour que ceſtuy cy, auquel nous cele- brons la memoire de ſa mort, qui eſt la feſte S. Matthias.

Eſtant doncques ceſte belle lumie- re venue au monde, & commençant desja à donner quelque rayon d'eſpe- rance de ce qu'elle ſeroit à l'aduenir, ſes parens delibererent de la vouër à l'eſtude des lettres, tant pour la viua- cité qu'ils remarquoyent en ſon eſ- prit, que pource que Monſieur de Ronſard ayant eu cinq freres aiſnez auant luy, il en reſtoit encore trois, qui eſtoyent ſuffiſans pour emporter la plus grande partie du bien & de la ſucceſſion de la famille. Et ſur ceſte deliberation ils l'enuoyerent en ceſte vniuerſité, là où leur intention ne re- uſſit pas pour la premiere fois, ainſi comme ils l'eſperoyent. Car ce bel eſ-

D

prit qui eſtoit plein de feu & d'actiõ,
& ne ſe pouuoit pas contraindre par
les loix & par la ſeuerité d'vn precepteur, mais auoit beſoin de quelque
paſſion interieure, pour l'exciter à
employer la vigueur de ſon entendement, comme il le monſtra bien du
depuis, ſe rebuta incontinent des lettres & de l'eſtude : tellement que ſes
parents furent contraincts de le ren-
uoyer querir enuirõ cinq ou ſix mois
apres, & de le dedier à la profeſſion
des armes, pour l'exercice de laquelle
ils voyoyent qu'il auoit le corps bien
compoſé. Prenant doncques ceſte
ſeconde reſolution, ils l'enuoyerent
au camp d'Auignon, où il fut donné
page à Monſieur d'Orleans, auecques
lequel ayant eſté quelque eſpace de
temps, on le bailla au Roy d'Eſcoſſe,
pour l'accompagner en ſon Royaume. Ce qu'il fit, & y demeura enuiron

deux

deux ans & demy, iusques à ce qu'il
euſt appris les mœurs & la langue de
la prouince. Or ce fut là premierement qu'il commença à prédre quelque gouſt à la Poëſie : car vn gentil-
homme Eſcoſſois, nommé le ſei-
gneur Paul, qui eſtoit fort bon poëte Latin, & qu'il l'aimoit extrememét,
prenoit la peine de luy lire tous les
iours quelque choſe de Virgile ou
d'Horace, ou de quelque autre autheur, & de le luy interpreter en Frã-
çois ou en Eſcoſſois : & luy d'autre
coſté qui auoit desja veu quelques
rymes de Marot & de nos anciens
Poëtes François, s'efforçoit de le mettre en vers le mieux qu'il luy eſtoit
poſſible. Reuenant doncques d'Eſcoſſe, il paſſa par l'Angleterre, où il
ſejourna enuiron cinq ou ſix mois : &
de là eſtant arriué en France, ſ'en re-
tourna trouuer Monſieur d'Orleans,

D ij

qui le retint encore ie ne sçay combien de temps en son equurie, estant
soigneux de le faire bien instituer en
tous les exercices que l'on a accoustu-
mé d'apprendre à la ieunesse:ausquels
à raison de la disposition naturelle &
du bon téperament qu'il y apportoit,
il se rendoit excellent par dessus tous
ses compaignons, fust à tirer des armes, ou à monter à cheual, à volti-
ger, à lutter, à ietter la barre, & autres tels exercices violents, ausquels
la force de la complexion & la bonté
de la temperature est extremement
requise. Car i'ay ouy raconter vne
infinité de fois à ceux qui l'ont co-
gneu en sa premiere ieunesse, que iamais la nature n'auoit formé vn corps
mieux composé ny mieux propor-
tionné que le sien : fust ou pour la
beauté du visage qu'il auoit merueil-
leusement aggreable,ou pour la taille

&

& la ſtature, laquelle il auoit extremement auguſte & Martiale , de ſorte
qu'il ſembloit qu'elle euſt mis entierement ſon eſtude & ſon induſtrie à
preparer vn lieu qui peuſt receuoir
dignement ceſte ame excellente, pleine de tant de gloire & de lumiere , de
laquelle les beautez du corps deuoient eſtre comme la ſplendeur &
les rayons. Monſieur d'Orleans qui
voyoit la fleur de ceſte vertu naiſſan-
te , & l'eſperáce que ce ieune homme
commençoit à donner de luy , delibera de ne le laiſſer en repos que le
moins qu'il luy ſeroit poſſible , mais
de le faire pratiquer & cóuerſer auecques les nations eſtrangeres , pour le
rendre vn iour capable d'eſtre employé aux belles charges auſquelles
il ſembloit que ſon inſtinct & ſa nature l'appelloit , & à ceſte occaſion
l'enuoya en Flandres & en Zelande,

D iij

& depuis luy donna encore vne seconde commiſſion pour retourner
en Eſcoſſe, en la compagnie du Sieur
de l'Aſſigny.   Apres tous leſquels
voiages il fut finablement enuoyé en
Allemaigne auecques ce grand La-
zare de Baïf qui y alloit pour lors en
Ambaſſade, & y ſeiourna pareillemét
iuſques à ce qu'il euſt appris la langue
de la prouince, & de là ſen reuint
trouuer la Court qui eſtoit à Blois,
là où il ne fut pas ſi toſt arriué, comme la ieuneſſe eſt prompte à receuoir
les premieres impreſſiós, que l'amour
luy entra incontinent en l'eſprit. Et
d'autant qu'il ſe ſentoit aucunement
mal-propre pour l'entretien & pour
le diſcours à raiſon d'vne ſurdité &
d'vne debilité d'ouye, laquelle luy
eſtoit arriuee en ſon voyage d'Allemaigne: cela fut cauſe qu'il ſe mit à
repreſenter ſes paſſions par eſcrit, &

choiſit

choisit la façon d'escrire la plus ac-
commodee à son suject & à son inclination, c'est à sçauoir la Poëſie,
en laquelle il luy estoit permis de
feindre & d'imaginer ce que bon luy
sembloit. Et encore qu'au commencement il ne s'addonnast à ceste profeſſion que comme en se iouant, & la
faisant seruir à vne autre paſſion, si
est-ce que quand il vid que ses vers e-
stoient leuz auecques quelque louange, il commença de s'y affectionner à bon escient : Ioint auſſi que
l'accident qui luy estoit auenu, l'em-
peschoit aucunement de pouuoir
esperer à la Cour, ce qu'il y auoit es-
peré en matiere de faueur & d'auan-
cement. De sorte que voyant que
cela le separoit de la compagnie &
de la conuersation des hommes, & le
confinoit comme en vne espece de
solitude, il estoit bien aise de choi-

fir vne profeſſion, en laquelle pour le
moins il pouuoit tirer de la gloire de
ſon incommodité. Conſiderant
donc qu'il ſ'eſtoit bien déſja acquis
vne grande facilité de faire des vers,
mais que le ſçauoir & la doctrine
luy manquoient, & qu'il ne luy
eſtoit pas poſſible de voler ſur ſes
propres ailes ſi hautement comme
il l'euſt deſiré : Alors il commença à ſe repentir extremement de
ce qu'il auoit meſpriſé l'eſtude en
ſon enfance. Mais ſi ne perdit-il pas
cœur nonobſtant: & encore qu'il ſe
viſt deſia en vn aage où il ſembloit
qu'il n'eſtoit plus ſeant de retourner
à l'eſchole des lettres, pour apprendre les premiers elements de la langue Grecque & de la langue Latine,
ſi eſt-ce qu'il paſſa par deſſus toutes
ces cõſiderations, & eſtant reuenu en
ceſte Vniuerſité, ſ'alla mettre en pen-
ſion

fion chez Monfieur Daurat : là où il
demeura cinq ans entiers eſtudiát d'v-
ne ſi grande ardeur, & d'vne ſi grande
contention d'eſprit, qu'il recõpenſa a-
uecques beaucoup d'intereſt toute la
perte qu'il auoit faicte auparauant.
Car il s'orna & s'embellit l'entendement de tout ce qu'il y auoit de rare
& d'excellent dans les anciens Poëtes
tant Grecs que Latins, des deſpouilles
deſquels noſtre langue n'auoit point
encore triomphé. Et ſe ſeruit de leurs
richeſſes ſi heureuſement & ſi à propos qu'elles eſtoient ſans comparaiſon plus belles, comme il les mettoit
en œuure, dedans ſes poëmes & dedans ſes eſcripts, qu'elles n'eſtoient
dedans les liures & dedans les com-
poſitions de leurs auteurs primitifs.
Combien qu'au commencement les
oreilles des François qui n'eſtoient
pas encore accouſtumees à ces delices

E

estrangeres, fissent quelque difficulté
de les supporter : reiettant tantost la
hardiesse des conceptions, qui estoiét
sublimes & esleuees, tantost la licen-
ce des constructions, & des façons de
parler qui estoient imitees & emprun-
tees des estrangers, & tantost la nouueauté des dictions, lesquelles il estoit
contraint d'inuenter, pour tirer nostre langue hors de la pauureté & dé
la necessité. Mais luy duquel le Genie estoit inuincible, & ne sçauoit
que c'est que de ceder au iugement du
peuple & de la multitude, se seruant
d'vn assez suffisant tesmoin à luy
mesme de celuy que la posterité feroit de ses œuures & de ses escripts, re-
sista courageusement à la passion &
à la malveuillance de tous ses nouueaux calomniateurs, & ne cessa iamais d'escrire & de composer auecques la mesme hardiesse qu'il auoit
faict

faict auparauāt, iusques à ce que toute l'enuie estant esteinte, & tous les
monstres estant surmontez, on commença à luy applaudir publique-
ment & en plein theatre, & luy par
mesme moien à iouïr du plus dous
fruict qui se puisse recueillir de la gloire, qui est celuy que nous en receuons
ce pendant que nous sommes encores viuants.

Apres ce premier combat il luy en
suruint encore vn autre bien esloigné
& bien different de suiect de cestuy-
cy : C'est que les contentions de la
religion commencerent à se mouuoir en ce Royaume : & comme les
François se laissent tousiours aller
fort aisément à la nouueauté, il y eut
vne infinité de personnes qui se mi-
rent de ce party, sans sçauoir autrement ce que c'estoit. Or est-ce tousiours la coustume des heretiques au

E ij

commécement d'emmieller leur doctrine auecques les charmes & les delices du langage , à fin d'allecher le
simple peuple par ce moyen , & faire
couler plus facilement leur venin,
soubs la douceur du style & des parolles. Et en cela certainement ils
auoient beaucoup d'auantage sur
les docteurs des Catholiques : desquels les vns s'estoient endormis tout
à faict durant le long repos de l'E-
glise : les autres s'estoient plus em-
ploiez à entretenir le peuple à la
pieté & à la deuotion, que non pas
à l'eloquence & à la curiosité : ioinct
aussi que les estudes d'humanité, qui
s'estoient comme enseuelies soubs les
ruïnes de l'Empire Romain , com-
mençoient à estre deterrees en France depuis si peu de temps, c'est à dire
depuis l'aduenement du grand Roy
François , qu'il n'y en auoit encore
que

que) pour les esprits les plus curieux.
Ce pendant cela apportoit vne extre-
preiudice à la religion Catholique:
à cause qu'ils donnoient à entendre
au menu populaire que leurs Docteurs estoient des personnes barbares
& ignorantes, & qui ne sçauoient pas
seulement parler leur langue maternelle, & que tout ce qu'il y auoit
d'esprits polis & iudicieux en ce Royaume estoit de leur party : & sur ceste
presumption faisoient courir force
liurets par les mains du simple peuple,
non seulement en prose & en oraison soluë, mais mesme en ryme & en
Poësie, soubs le nom de chansons
spirituelles, & autres tiltres specieux:
chose à quoy vne infinité de gếts ap-
plaudissoient merueilleusemết pour
la nouueauté du suiect, n'ayant point
encore veu traitter la Theologie en
ce genre d'escripture : tellement que

toute la Frāce estoit pleine de Poëtes
& de versificateurs, qui escriuoiét des
inuectiues contre l'Eglise Catholique, & infectoient & empoisonnoiét
beaucoup de personnes de ceste façon.   Alors Monsieur de Ronsard,
qui auoit tousiours monstré sa fermeté & sa constance, & ne s'estoit iamais laissé enchanter à toutes ces Si-
renes, ny n'auoit iamais degeneré de
la foy & de la religion de ses predecesseurs, quelques persuasions, ou in-
timidations, dont on eust peu vser en
son endroict : s'opposa de telle sorte
à toutes ces pestes d'escriuains, & s'ai-
da si à propos d'vne science propha-
ne, ce sembloit, comme estoit la sien-
ne, pour la defense & pour la propu-
gnation de l'Eglise, & sçeut si bien
apporter les richesses & les thresors
d'Ægypte en la terre Saincte, que
lon recognut incontinent que toute
l'elegance

l'elegance & toute la douceur des lettres & de l'humanité n'eſtoit pas du
coſté des heretiques, comme ils pre-
tendoient. Au meſme temps doncques les voila qui le prennent à partie en ſon propre & priué nom, &
commencent à ſe ietter ſur luy tous
enſemble, & à le deſchirer de meſdi-
ſances & de calomnies, comme ſi la
cauſe de l'Egliſe & la ſienne euſſent
eſté inſeparablement cõiointes. Mais
il les defendit ſi heureuſement &
l'vne & l'autre, quelques dangers qu'il
encouruſt à ceſte occaſion, comme
ſ'oppoſant à la fureur de ſes aduerſai-
res en vn temps qu'ils auoient quaſi
toute puiſſance en ce Royaume, &
les rendit ſi confus & ſi eſmerueillez,
qu'ils demeurerent ſans replique, &
n'eurent plus ny de voix ny de langue
pour abbaier contre la verité. Dont
oultre l'obligation que toute la Frãce

luy en eut, & l'honneur que le Roy
& la Royne sa mere luy firent en ceste
consideration: encore mesme le Pape
Pie cinquiesme prit la peine de l'en
remercier par escript, & de tesmoigner solennellement les bons & a-
greables seruices que l'Eglise auoit
receuz de luy.

De là peut on imaginer combien
Monsieur de Ronsard auoit vn esprit
vniuersel à la Poësie, veu que quelque
suiect qui luy ait iamais esté propo-
sé, il l'a traitté si dignement, que nul
autre ne s'en pouuoit mieux acquit-
ter, & qu'il semble, qu'il a distribué
egalement l'excellence de son esprit
à tous ses labeurs, & à tous ses ouurages. Car à l'heure qu'il a pris des
suiects pleins de vanité, comme sont
les matieres d'amour, il a si bien con-
tenté ceux qui les ont leuz, que l'on a
dit incontinent qu'il ne se pouuoit
rien

rien veoir de plus agreable : & quand il a traitté des arguméts de guerres & de combats, il a tellement eſtonné tout le monde, que lon a penſé qu'il ne ſe pouuoit rien imaginer de plus eſpouuantable. Mais quand il ſ'eſt mis à eſcrire des points de Theologie, & de Religion, ç'a eſté lors qu'il a rauy les eſprits de telle ſorte, que lon a trouué qu'il ne ſe pouuoit rien apprehender ny conceuoir de plus admirable. Somme, partout il a eſté ſuperieur aux autres, & par tout il a eſté egal à luy meſme. Il ſ'eſt bien veu au temps paſſé des hommes excellents en vn genre de Poëſie : mais qui aient embraſſé toutes les parties de la Poëſie enſemble, comme ceſtuy cy a faict, il ne ſ'en eſt point encore veu iuſques à maintenant. Homere a bien emporté la palme entre les Epiques, Pindare entre les Lyriques, vn autre entre les Bucoliques, & ainſi des autres : mais la gloire vniuerſelle de la Poëſie, ils l'ont tous diuiſee entre eux, & chaſcun en a pris ſa partie. Il n'y a iamais eu qu'vn ſeul Ronſard qui l'ait poſſedee toute pleine & toute entiere. Auſſi certainement peut on dire qu'il auoit plus apporté de naturel à la poëſie luy ſeul que tous les autres Poëtes deſquels l'antiquité nous à laiſſé quelques veſtiges & quelques monuments. Car la partie la plus eſſencielle, & la plus neceſſaire pour ceſt effect, qui eſt l'imagination, il l'auoit ſi viue & ſi conſtante tout enſemble, que quand il eſt queſtion de deſcrire & de repreſenter quelque choſe, tous les autres ſont froids & láguiſſants aupres de luy. Ceux qui auront veu les hymnes qu'il a faicts des quatre ſaiſons, cóme ie penſe qu'il y en a fort peu en ceſte compagnie qui

n'ayent

n'ayent pris la peine de les veoir, con-
firmeront aſſez mon opinion de ce
coſté là. Car il eſt quaſi impoſſible de
ietter les yeux deſſus, que lon ne ſente
quelque alienation & quelque tranſ-
port d'eſprit en ſoy meſme : & que
lon ne confeſſe, qu'il fault qu'il y ait
quelque ame & quelque genie là dedans, pour ſaiſir ceux qui viennent
à les lire & à les eſcouter.

A ceſte excellente imagination,
qu'il auoit de ſa naiſſance, il adiou-
ſtoit encore ceſte autre commodité,
que ſon accident luy apportoit, qui
eſtoit l'amour de la ſolitude. Car
comme il voyoyt que ſa ſurdité
le rendoit moins agreable pour la
conuerſation des hommes, il prenoit ſujeƈt de là de ſe retirer des
compagnies, & de fuir le bruit & le
tumulte, encore que parmy les compagnies, & parmy le peuple meſ-

me il portast aucunement sa solitude
auecques luy. Ce qui sans mentir me
semble luy auoir esté vne grande faueur du Ciel pour l'exercice de sa profession: car il n'y a point d'obiects qui
destournent tant l'esprit de l'imagination & de la contemplation, que
ceux de l'ouye, ny qui soyent plus cō-
traires aux inuentions & aux conceptions poëtiques. C'est pourquoy les
anciens bastissoient ordinairemét les
temples des Muses le plus loing qu'ils
pouuoient des villes & des habita-
tions publiques : estimans que la solitude, le repos, & le silence, & n'estre
point destourbé par les bruits & par
les tumultes populaires, seruoit extremement à l'inuention & à la recer-
che des compositiōs poetiques. Aussi
voyōs-nous que de son temps la surdité estoit quasi fatale à luy & à du
Bellay, & aux autres qui auoient quelque

que nom en ceste profession: de sorte
que tout ainsi que durant l'ancienne
Grece, l'aueuglement estoit comme
vne marque commune à tous ceux
qui estoient excellens en la poësie:
ainsi semble t'il que la surdité ait esté
de nostre siecle côme vn charactere
commun à tous les grands & excellés
Poëtes François. Et puis il y a encore
cecy à considerer, c'est que les autres
professions se peuuent bien apprendre par enseignemés & par preceptes:
mais la poësie il faut qu'elle vienne
du naturel, & qu'elle naisse d'vne certaine force & d'vne certaine vigueur
d'esprit, & auecques cela qu'elle soit
excitee par vne influence & par vne
inspiration diuine. Et c'est pourquoy
ils estimoient anciennement que les
poëtes estoient saincts, & qu'il les
falloit reuerer comme les instrumens
& les organes des Dieux. Ainsi dôc-

ques ceſte ſciéce n'aiant point de beſoin d'aucune doctrine exterieure, à
raiſon qu'elle eſt toute inſpirée diui-
nemét, & qu'elle cóſiſte en l'inuétion
& non pas en la recordation des choſes, il ſemble que le ſentiment de
l'ouye ne luy eſt point autrement neceſſaire, comme eſtant conſacré à la
memoire & au reſouuenir. De maniere qu'il ne fault point trouuer e-
ſtrange ſi ce pere des poëtes eſtant
enſeigné diuinement, & aiant vne
doctrine interieure en luy meſme,
n'a point eu beſoing du ſentiment de
l'ouïe pour apprendre d'autruy ce qui
ne deuoit proceder que de ſon propre Genie, & de ſa propre inſpiratió.
Car tout ainſi que ceux de l'Iſle de
Candie, quand ils erigeoient des ſtatues à Iuppiter, les faiſoient touſiours
qu'elles n'auoient point d'oreilles,
pour donner à entendre au ſimple
peuple

peuple, que celuy qui doibt sçauoir
toutes choses de luy mesme, ne doibt
point auoir d'oreilles pour apprendre rien d'autruy: ainsi ce grand Ronsard qui par vne inspiration diuine &
par vne science interieure auoit l'intelligence de tous les mysteres de la
poësie, lesquels il deuoit annoncer
& exposer aux hommes de sa nation,
il n'estoit point necessaire qu'il eust
d'ouye pour apprendre aucune doctrine des autres : d'autant qu'il deuoit auoir la congnoissance de toutes choses en luy mesme, & estre en-
seigné de Dieu particulierement &
immediatement, non point par des
oreilles charnelles & materielles, mais
par les oreilles du cœur, & par les o-
reilles de la pensee. Bien heureux eschange de l'ouïe corporelle à l'ouïe
spirituelle: bienheureux eschange de
l'estourdissement du bruit & du tu-

multe populaire à l'intelligence de la Musique & de l'harmonie des Cieux, & à la congnoissance des accords & des compositions de l'ame. Bienheureux sourd qui as donné des oreilles aux François pour entendre les secrets & les mysteres de la poësie : bien-heureux sourd, qui as tiré nostre langue hors d'enfance, qui luy as formé la parole, qui luy as appris à se faire entendre parmy les nations estrangeres. C'est ce grand Ronsard qui a le premier chassé la surdité spirituelle des hommes de sa nation, qui a le premier faict parler les Muses en François, qui a le premier estendu la gloire de nos paroles & les limites de nostre langue. C'est luy qui a faict que les autres prouinces ont cessé de l'estimer barbare comme au parauant, & se sont rendues curieuses de l'apprendre & de

l'enseigner

l'enſeigner, & qu'auiourd'huy lon en
tient eſchole iuſques aux parties de
l'Europe les plus eſloignees, iuſques
en la Morauie, iuſques en la Poloi-
gne, & iuſques à Danſik, là où les
œuures de Ronſard ſe liſent publi-
quement. Somme, ſi noſtre langue a
quelque choſe dequoy ſe comparer,
de quoy ſe vanter, de quoy triompher à l'endroict des langues eſtrangeres: ſi elle à quelque luſtre, quelque ſplendeur, quelque ornement,
c'eſt à la ſeule memoire de Ronſard qu'elle eſt tenuë de toute ceſte
gloire & de tout ceſt aduantage.
Quelle choſe doncques ferons nous
pour recognoiſtre dignement ce que
nous auons receu de luy? quels tombeaux, quelles ſtatues, quelles colon-
nes, quels temples, quels autels luy
edifierons nous? quelles fleurs, quelles offertes, quelles effuſions eſpan-

drons nous ſur ſa ſepulture ? En combien de parties diuiſerons nous ſes os
& ſes cendres, comme les Ægyptiens
diuiſerent les membres d'Oſiris leur
patron & leur bienfaitteur, à fin que
chaſque prouince de ce Royaume
puiſſe iouïr d'vne portion de ſes reliques pour leur eriger des ſepulchres
& des monuments par tous les en-
droicts de la France qui luy eſt obli-
gee vniuerſellement ? Quels combats poëtiques, quels ieux, quelles
ſolemnitez inſtituerons nous en faueur de ſes obſeques, à fin que tous
les poëtes ſ'aſſemblent d'an en an au
iour de ſes funerailles, pour diſputer
entre eux le pris & la victoire de la
poëſie, comme ils faiſoient anciennement aux anniuerſaires d'Amphida-
mas ? Et en ſomme quels honneurs
rendrons nous à celuy auquel nous
n'en pouuons rendre aucuns qui ne

luy

luy soiét deuz? De quelle recognoif-
fance vferons nous pour ne laiffer
point efteindre la memoire & la fou-
uenance de tant d'obligations : &
quelles chofes ferons nous pour n'en-
feuelir point la gloire d'vn homme fi
excellent dans le mefme tombeau
dans lequel il eft inhumé & enfepul-
turé? Ceux de la ville d'Argos ont
colloqué Homere au rang des Dieux
de leur Cité & de leur prouince, &
l'ont affocié auec Apollon en leurs
inuocations & en leurs myfteres.
Les Roys d'Ægypte luy ont edifié
des temples & des lieux facrez, &
ont eleué aupres de luy pour tro-
phee & pour monument de fa gloire
toutes les villes qui debattoient anciennement du lieu de fa natiuité.
Les Roys de Perfe ont faict mettre fes vers en leur langue maternelle, & ont pris la peine de les ap-

prendre par cœur, & de les chanter
& reciter de leur propre bouche.
Que diray-ie plus? l'antiquité mesme
a estimé que les Dieux se mesloient
de la sepulture des poëtes : & leurs
Histoires racontent, quand Lysan-
der mit le siege deuãt la ville d'Athe-
nes, que la mort de Sophocle estant
interuenuë, Bacchus l'admonesta en
songe qu'il eust à donner permission
aux Atheniens de porter & de con-
uoyer ses delices au sepulchre, c'est à
dire d'éseuelir les cédres du poëte Sophocle, & de leur rendre les hóneurs
funebres qui leur appartenoient. Et
n'a pas esté iusques aux nations les
plus esloignees de la douceur & de
l'humanité, qui n'ayent celebré les funerailles des poëtes auec beaucoup
de reuerence & de deuotion.   Fau-
dra-il donc que la France seule entre
tant de peuples & de prouinces soit
notee

notee d'ingratitude & d'impieté? sera
il dict que les anciés aient estimé que
la sepulture des poëtes estoit sacree, &
que c'estoit vne action digne du soin
& de la diligence des Dieux, & que ce
pendant nous soyons si froids & si
negligents à nous en acquiter maintenant ? Sera-il dict que les peuples
barbares & Septentrionaux, comme
sont les Gétes, ayent eu la pieté d'inhumer solemnellement & honnora-
blement vn pauure poëte estranger,
qui estoit banny & relegué en leur
prouince, & de luy eriger des monuments & des sepulchres magnifiques,
& que les François mesprisent les obseques & les funerailles de leur poëte
naturel, qui n'est point mort parmy
les natiós estrágeres, mais qui a rédu
l'esprit dedans le sein & entre les bras
de sa propre patrie ? Que diront tant
d'ames genereuses qui ont vescu en

G iij

ce Royaume par le paſſé, & dorment
maintenant en repos, de voir que
nous laiſſions en aller de ce monde
auecques ſi peu de gloire & d'ornement, celuy duquel elles ont attendu
la venue par vn ſi long temps, pour
faire reuiure la memoire de leurs belles actions, & les dedier à l'eternité
& à l'immortalité? Que diront tant
de vieux cheualiers François, & tant
d'anciens Heroës qui nous ont laiſſez apres eux pour ſucceder à leur
nom & à leur gloire, que nous ren-
dions vne ſi ingrate recompenſe à la
memoire de celuy qui nous fait iouyr
d'vne ſi glorieuſe ſucceſſion? Que
dira ce magnanime Charles, les delices & le ſoucy de la muſe de Monſieur de Ronſard, qui n'a point de-
daigné autres-fois de ſ'abbaiſſer de
ſon throne Royal pour ſ'egaler auec
luy, & n'a point faict de difficulté de

prendre

prendre la plume au lieu du sceptre,
pour le prouocquer au combat des
vers & de la poësie ? Que dira il donc
maintenant, quand il le verra descen-
dre au sepulchre sans hôneur & sans
gloire, despouillé & destitué de toutes pompes & de tous ornements funebres, comme vn autre homme du
commun & du vulgaire? Ne regre-
tera-il pas de n'estre plus en ce monde, pour auoir ce contentement de
luy decerner les honneurs & les ceremonies qui luy sont deuës, pour faire
inhumer ses os, & ses cendres, auecques les reliques de tant de Roys ses
predecesseurs qu'il a retirez de l'ombre & de l'obscurité du tombeau : &
finalement pour luy faire eriger vne
statue sur son propre sepulchre, cõme ce grand Scipion Africain en fit
eleuer vne au poëte Ennius? Mais
quoy? faut il que nous alliõs reueiller

ceux qui repofent dans leurs monuments ? faut-il que nous leur allions
demander des larmes pour honnorer
ceft enterrement & ces funerailles?
n'y a-t'il plus d'hommes maintenant
qui ayent de la cognoiffance & du
reffentiment pour deplorer le mal-
heur qui eft arriué à toute noftre nation, d'eftre priuee & deftituee de celuy qui pouuoit faire paruenir la memoire de fes belles actions à la po-
fterité : qui pouuoit donner quelque
loyer à fon merite & à fa vertu: & qui
eftoit le herault de fes louanges & de
fa renommee ? Eft-il poffible que le
defir de la gloire foit eftaint dedans
l'ame de tous les François? Eft-il poffible qu'il n'y ait plus perfonne qui
fe foucie de dedier & d'appendre les
defpouilles de Mars au temple des
Mufes? Eft-il poffible qui n'y ait plus
perfonne qui penfe à laiffer quelque
image

image de sa vie & de ses actions à la
posterité? S'il est ainsi, pourquoy
est-ce que nostre nation est si desi-
reuse des beaux exploicts & des actes
valeureux? pourquoy est-ce que nos
Frāçois s'exposent si volontairement
à tant de perils & à tant de labeurs?
Quelle autre recompense est-ce que
nous esperōs des seruices q̄ nous faisons à nostre patrie, sinon celle de la
gloire & de la louange, qui est la plus
douce retribution que nous puissiōs
receuoir de nostre vertu? Et ceste
seule esperance nous estant ostee,
quelle autre occasion auons nous de
nous affliger & tourméter continuel-
lemét cōme nous faisons? Car en fin
si nostre ame ne se promet rien de la
recognoissāce des siecles à venir, & si
toutes nos cōsiderations sont enfer-
mees dans les mesmes limites, dans
lesquels nostre vie est enclose & con-

H

tenuë, il n'est point besoin qu'elle
se consume par tant de veilles & de
trauaux, ny qu'elle coure tant de
fortunes & d'accidens, à la mercy
desquels nous la soubmettons &
l'exposons à tous propos : Mais il
y a ie ne sçay quelle effigie & ie ne
sçay quelle image de la gloire, qui re-
side dans l'esprit des personnes ver-
tueuses, comme dedans vn temple &
dans vn sanctuaire, & les admoneste
perpetuellement de ne mesurer point
la memoire de leurs actiõs auecques
la briefueté de ceste vie, mais de l'e-
galer & de la cõparer auecques toute
l'estenduë de la posterité. De maniere
que les belles choses q̃ nous faisons
de iour en iour, il nous semble en les
accomplissant, que ce sont des semences de nostre gloire, que nous
semons & espãdons dedans lẽ champ
de l'eternité, pour en recueillir le
fruict

fruíct d'vne memoire perpetuelle: &
foit q̃ cefte vanité nous apporte encore quelque ioye apres que nous
fommes enleuez d'icy bas, ou foit
qu'elle ceffe de nous foliciter & de
nous paffionner, pour le moins auõs
nous ce plaifir, ce pendant que nous
fommes en cefte vie de iouyr de la
douceur de cefte efperance, & de cõ-
tenter nos efprits d'vne fi agreable
illufion.   Que fi ce pendant il y
à encores quelques ames qui foient
fi infenfibles aux aiguillons de la
gloire & de la vertu, que de n'eftre
point affligees en elles mefmes de la
perte de celuy qui pouuoit reprefen-
ter l'image de leurs actions à la pofte-
rité: & f'il f'en trouue encores quelques vnes qui n'honorent pas fes funerailles auecques les mefmes larmes,
& auecques la mefme paffion que
nous fommes tous tenus d'y appor-

ter : ce seront choses qui retourne-
ront à leur honte & à leur preiudice,
& non pas à son desauantage. Car
aussi bien tous les offices dont nous
nous acquitons maintenant, ce n'est
pas en intention d'adiouster aucune
chose à sa splendeur, & à sa lumiere,
que nous les faisons : & ces honneurs
funebres que nous deferons à sa sepulture, ce ne sont pas tant des tro-
phees & des enrichissements de sa
gloire, comme ce sont des monuméts
de nostre recongnoissance, que nous
dressons & erigeons à la veuë de la
posterité, à fin que ceux qui viendront apres nous, louënt nostre iugement & nostre affection, & ne
nous accusent point de sacrilege &
d'impieté. Ce sera ceste iuste & equi-
table posterité, qui rendra à sa memoire le loyer & la recompése qu'elle merite : & ne se sentira plus de la
mescongnois-

mescognoissance & de l'ingratitude
des hômes de nostre temps. Elle honorera à bon escient ces funerailles
dont nous tenons auiourd'huy si peu
de conte: elle reuerera auecques tant
de deuotion ce sepulchre que nous
sommes si negligens de construire &
d'edifier.   Toutes les pierres de ce
glorieux monument luy seront sacrees & precieuses, & tant plus il ira
en decadence, & plus il se fera sainct
& venerable en son endroict par l'antiquité du temps, & par la succession
des annees : De maniere q̃ ceux qui
auront quelque deuotion enuers les
Muses, le viédrót vn iour visiter auec
admiration, & y feront des vœus &
des pelerinages, pour acquerir le don
& l'inspiration de la poësie. Il y aura
encore à l'auenir quelque nouuel Al-
phôse, qui saluëra le pays de sa natiuité, & rendra graces au Genie de la

prouince, d'auoir produict vn si grãd & excellent personnage. Il viendra encores cy apres quelque second Alexandre: Il naistra encore quelque nouueau Monarque du monde, qui pleurera sur la sepulture d'Achille, & ne regrettera autre chose en toute sa fortune, sinon de n'auoir pas vescu du temps de ce grand Homere François. Mais quel autre Alexandre pouuõs nous souhaitter pour cest effect? N'auõs nous pas nostre Roy qui a cõsacré luy-mesme la sepulture de Mõsieur de Ronsard, auecques ses propres larmes, qui a honnoré ses funerailles auecques ses propres plainctes, & auecques ses propres regrets, & qui a seruy d'exemple & de lumiere à toute la France, en vn acte si plein de pieté & de deuotion? Quel autre plus grãd desplaisir peut il ressentir maintenãt, que de voir q̃ la description de

sa

sa vie & de ses actiós: que la represen-
tation de ses combats & de ses vi-
ctoires, qui auoit esté si heureusemét
entreprise & commécee par la Muse
du grand Ronsard, n'ait peu estre
continuee & acheuee par le mesme autheur, & qu'il faille maintenát
qu'elle demeure máque & imparfait-
te, ne se trouuant plus persóne desor-
mais, qui ose mettre la main sur vn si
digne tableau, ny qui ose prendre
le crayon apres vn ouurier si excellét
& si inimitable? Il est vray que la consolation qu'il pourra receuoir pour
ce regard, c'est que la posterité iu-
gera assez de toutes ses actions par ce
seul eschantillon, & par ceste seule
partie : & que pour le moins il luy
sera facile de recognoistre à l'aduenir
que ç'à esté la plume de Monsieur de
Ronsard qui a manqué à sa gloire,
& à son merite, & non pas sa gloire

& fon merite, qui a manqué à la plume de Monfieur de Ronfard. Mais
ie ne pren pas garde, que i'excede les
loix de la narration, & que ie fors
des bornes & des limites,que ie m'e-
ftoy prefcripts à moymefme : vous
ayant plus toft preparez à entédre les
accidents qui luy font arriuez vn peu
auant fa mort,que de vous entretenir
de toutes ces autres confiderations.
Or ie ne fçay pas comme ie fuis tombé en ce propos, ny ne fçay pas auffi
comme ie m'en pourray retirer. Car
ces larmes me font extrememét dou-
ces, & ces fouuenances me confolét
merueilleufement. Et tout ainfi que
les yeux des hommes ne fe feparent
pas volontiers des obiects qui leur
font agreables, & quand on les en
penfe diuertir, c'eft alors qu'ils y re-
tournent d'eux mefme : Ainfi il m'eft
fort difficile de retirer mon efprit
d'vne

d'vne si douce contemplation. Que
si toutesfois la vehemence de noftre
pieté nous emporte oûtre les fins &
les limites de la mediocrité, vous par-
donnerez, s'il vous plaift, à noftre
paffion, la plus faincte & la plus equi-
table de toutes les paffions, & de laquelle c'eft vice de n'eftre point at-
teint, à ceux qui ont l'ame accompagnee de quelque congnoiffance & de
quelque reffentiment.

    Eftant doncques Monfieur de
Ronfard defia fur le declin de fon
aage, & commençant à fe trouuer in-
commodé des accidens de la vieil-
leffe, au lieu que ceulx qui laiffent
des heritiers apres eux, ont accouftu-
mé de penfer à faire leur teftament,
& à donner ordre à leurs affaires,
pour les laiffer iouyr en repos du bien
qu'ils leur ont acquis : il commença
de fonger à fon teftament, & à fa

I

derniere volonté : non pas comme il
ordonneroit de ses affaires temporelles, mais comme il disposeroit de ses
œuures & de ses escripts, qui estoient
ses enfans spirituels : & pour cest effect, delibera de les faire reimprimer
tous ensemble en vn grand volume,
à fin qu'estant ainsi liez & ramassez
les vns auecques les autres, ils ne fussent pas en danger de se perdre & de
s'esgarer si aisement : & par mesme
moien aussi d'y faire des additions &
des correctiõs: & en somme d'y mettre la derniere main, pour les laisser
à la posterité, comme il vouloit qu'ils
fussent leuz & recitez à l'aduenir. Cela
fut cause qu'il demeura tout vn yuer
en ceste ville, auquel outre les affaires
& empeschements qu'il auoit le reste
du iour, il estoit contrainct de veiller
ordinairement les soirs, pour veoir
les espreuues & les corrections, &

fournir

fournir de matiere aux preſſes des Imprimeurs qui deuorent vne grande quantité de labeur.

Or eſtoit-il deſia merueilleuſement caſſé & abbatu, tant pour les exercices violents qu'il auoit faicts en ſa ieuneſſe, de ſaulter, de luicter, de monter à cheual, & meſme pour d'autres excez, auſquels il eſtoit bien difficile qu'vne ame tranſcendante comme la ſienne, qui eſtoit toute pleine de feu & d'action, & qui ſ'emploioit à ſe conſumer ſoymeſme, ſi on ne l'occupoit à quelque effect exterieur, ne ſe laiſſaſt aucunemét aller, que pour l'extreme ſuiettion qu'il auoit renduë à ſon art, & à ſa profeſſion, depuis la fleur de ſon aage iuſques au commencement de ſa vieilleſſe. Car comme il veid qu'il auoit deſia quelque nom par la France, & que neantmoins il eſtoit venu fort

tard à l'eſtude des lettres, il ſ'y affe-
ctionna tellement, pour recompen-
ſer le temps qu'il auoit laiſſé couler
inutilemét, & pour ſouſtenir & augmenter la reputation qu'il ſ'eſtoit ac-
quiſe, qu'il fut douze ou quinze ans
continuels, ſans aucune remiſſion
d'eſprit, que perpetuellement il eſtu-
dioit, & perpetuellement il compo-
ſoit. Or comme entre tous les tra-
uaulx, ceſtuy là de l'ame eſt celuy qui
affoiblit le plus les forces naturelles,
& qui faict vne plus grande conſom-
ption d'eſprits:auſſi entre tous les tra-
uaulx de l'eſprit, celuy qui conſiſte
en la compoſition & en l'eſcriture,
où il fault que l'Ame par maniere de
dire mette quelque choſe hors de
ſoymeſme: ceſtuy là eſt ſans comparaiſon plus violent & plus pernicieux
à la ſanté, que n'eſt celuy qui ne giſt
qu'en vne ſimple & ocieuſe lecture,
là où

là où l'Ame n'a autre peine, qu'à receuoir les conceptions & les côtemplations d'autruy : & principalemét en la poëſie, qui a beſoing d'vne plus grande côtention d'eſprit, pour trouuer force imaginations differentes & toutes ſeparees & eſloignees du commun. Tellement que la paſſion qu'il auoit d'augmenter ſa renommee, & de la publier à la poſterité par ſes œuures & par ſes labeurs, le conſumoit meruicilleuſement, iuſques à le faire tomber en de grandes maladies, pour leſquelles les Medecins ne luy defendoient rien tant que l'eſtude, & l'exercice de ſa profeſſion : mais ils auoiét beau luy remonſtrer les inconuenients que celà apportoit à ſa ſanté : il n'y auoit point de conſiderations qui fuſſent ſuffiſantes pour luy arracher vne choſe qu'il s'eſtoit ſi fort enracinee en ſon eſprit. L'image de la

I iij

gloire se presentoit eternellemét deuant ses yeulx , & ne le laissoit reposer ny nuict ny iour : mais le te-
noit en vne perpetuelle inquietude,
pour tascher de paruenir à ceste immortalité qu'elle luy promettoit : laquelle aussi elle luy a donnee apres sa
mort, non pas gratuitement ny libe-
ralement , mais auecques le pris le
plus cher qu'il luy pouuoit payer
pour cest effect, c'est à sçauoir la diminution & l'abregement de sa vie:
car il n'y a point de doubte , estant
bien composé comme il estoit, que
s'il eust voulu penser à conseruer sa
santé, il n'eust vescu vn siecle tout en-
tier.   Mais aussi en recompense, il
ne iouyroit pas maintenant de ceste
seconde vie , que ses œuures luy ont
acquise apres sa mort , pour la luy
conseruer durant tous les siecles qui
viendront apres nous, sans sentir aucune

cune alteration ny aucune corru-
ption : de sorte que lon pourra dire
qu'il a experimenté en luy-mesme du
naturel de la gloire, ce que lon disoit
anciénemét du naturel du cedre, c'est
qu'elle conserue ceux qui sont morts,
& faict mourir ceux qui sont viuans.

Mais encore ce qui l'acheua de ruiner, comme nous disions maintenát,
ce fut ceste derniere diligence dont il
vsa pour donner ordre à l'impression
de ses escrits. Car estant desia fort in-
disposé de luy-mesme, le moindre
excez qu'il pouuoit faire en vn trauail si violent, comme est celuy de
l'esprit, il n'y a point de doute qu'il
ne fust suffisant pour le mettre extremement bas. Ses œuures doncques
furent acheuees d'imprimer en vne
nouuelle forme auecques beaucoup
de cótentemét pour luy, de voir qu'il
auoit eu le loisir deuant que d'estre

preuenu d'aucun accident, de leur
dire le dernier à Dieu, & de les disposer en la façon qu'il vouloit qu'elles
fussent leuës de la posterité. Elles furent incontinent recueillies : comme
rien qui sortoit d'vn si grand personnage ne pouuoit estre negligé, auecques diuers iugements toutesfois, les
vns approuuans les censures, & les
additions qu'il y auoit faittes : les autres trouuans qu'elles estoiét languis-
santes, & qu'elles se sentoient de la
cóplexion & de la froideur de la vieil-
lesse.   Ce pendant ce dernier labeur
le reduisit à vne telle extremité, que
estant tombé malade de la goutte, à
laquelle il y auoit de-ia quelque téps
qu'il estoit sujet, il demeura dix mois
continuels en ceste ville perclus & ar-
resté dedans vn lict, auecques des
douleurs qu'il est plus facile d'imaginer que de representer. Or ceste ma-
laddie

maladie luy ayant duré iusques aux premiers Mois de l'annee precedente, comme il veid que le printemps commençoit à reuenir, & qu'il y auoit quelque esperance que le changement de saison & d'air luy pourroit ayder aucunement à recouurer sa santé, luy qui estoit plein d'impatience de son naturel, n'eut pas le loisir d'attendre que le beau temps l'eust vn peu remis pour se faire porter à vn prieuré qu'il auoit en Vendosmois, qui se nomme Croix-val, dependant de l'Abbaye de Tyron. Ce pendant vous pouuez penser cóbien l'agitation & l'ebranlement du coche apportoit de douleur à vne personne disposee comme il estoit. Nonobstant toutes ces difficultez il arriua finalement à Croix-val. Aussi tost qu'il y est arriué, voila les armes qui se leuét par toute la France, pour

K

de nouueaux fujects & de nouuelles
occafions, & les guerres ciuiles ce
femble plus allumees en ce Royaume
que iamais au parauant. Il eft vray
que ce premier feu ne dura pas long
temps en fon ardeur & en fa violéce.
Car les affections furent incontinent
reconciliees de part & d'autre par la
prudence de ceux qui negotioient
les affaires, & par la facilité qu'y apportoient ceux à qui elles touchoiét
principalement. Les chofes ne furent pas fi toft pacifiees de ce cofté là,
que ce fut à recommencer de l'autre.
Car voila les armes entre les mains de
ceux de la religion, & le chafteau
d'Angers pris pour eux, & leurs compagnies qui paffent la riuiere de Loire, & mettent tout l'Anjou & le Vendofmois en alarme. Sur ces entrefai-
ctes Monfieur de Ioyeufe arriua là,
duquel l'expedition fut fi heureufe &

conduicte

conduicte auecques tant de prudence & de resolution, qu'apres auoir remis la place entre les mains du Roy,
& auoir empesché le passage à leur
armee qui s'en vouloit retourner en
Poictou, il les estonna de telle sorte
qu'il dissipa en moins de rien toutes
leurs troupes, cōbien qu'elles fussent
beaucoup plus grandes que les sien-
nes.   Monsieur de Ronsard qui ne
sçauoit encore rien du desordre de
ceste armee, & qui auoit seulement
les nouuelles que toutes les forces de
ceux de la religion venoient fondre
en Vendosmois, prist l'alarme extremement chaude, pensant que c'estoit
ceste guerre qui s'y venoit terminer:
& comme il n'auoit aucune enuie de
tomber entre leurs mains, se resolut
de desloger sur l'heure mesme tout
malade comme il estoit, & de se faire
rapporter en ceste ville : là où si tost

qu'il fut arriué, le voila plus cruelle-
ment traicté que iamais, auecques
des douleurs eftráges & infupporta-
bles, defquelles il fut affligé enuiron
trois fepmaines ou vn mois, ayant
efté fi rompu & fi trauaillé par les
chemins, qu'il n'eftoit pas poffible de
plus.

Au bout de ce temps là, comme
ceux qui ne fçauent plus quel remede
appliquer à leur mal, le plus fouuent
fe prennent à leurs licts & à leurs
chambres, & leur eft aduis qu'il ne
tient qu'à changer de lieu que leur
douleur ne les abandonne & ne les
laiffe : comme fi les maladies eftoient
attachees aux lieux, & non pas aux
perfonnes : il f'alla imaginer que c'e-
ftoit l'air de Paris qui luy eftoit ainfi
contraire, & qu'il falloit qu'il fe fift
reporter en Vendofmois, là où toutes chofes eftoient pacifiees & affeu-
rees

rees comme au par auant. Ioinct
aussi que les visitations qu'il receuoit
en ceste ville, l'ennuyoient & l'affli-
geoient aucunement, fust ou pource
qu'il inclinoit à la melancholie. & à
la solitude,& se sentoit importuné de
ceux qui le visitoiẽt, ou pour ce qu'il
luy deplaisoit que ses amis le vissent
en l'estat auquel il estoit, & fussent
faicts participans de ses douleurs.
Desquelles veuës neantmoins il luy
estoit bien difficile de s'exéter à Paris,
sans mécontenter vne infinité d'hon-
nestes gents, ayant vn si grand nom
comme il auoit, & tant de personnes
qui l'aimoient & l'estimoyent. Or
auoit il beaucoup plus de courage,
que de force,tellement que quelques
remonstrances que ses plus familiers
luy sceussent faire de l'incommodité
du temps, de l'indisposition de sa
santé, & côme il n'estoit pas possible

qu'il ne demeuraſt par les chemins, il
ne fut iamais en leur puiſſance de re-
tarder ce malheureux voyage, auquel
ie ne vous ſçaurois exprimer les peines & les tourments qu'il endura, ſinon que ce fut encore pis en s'en re-
tournant que ce n'auoit eſté en venant.

Comme il fut arriué à Croix-val
pour la ſeconde fois, ce fut alors qu'il
cõmença à deſeſperer du tout de ſa
vie & de ſa ſanté. Car les exceſſiues
douleurs qu'il ſupportoit ordinairement, tant à cauſe de l'eſſence de ſon
mal, que pour les trauaux qu'il y a-
uoit adiouſtez d'ailleurs : le priuoiét
perpetuellement de pouuoir fermer
les yeux, pour auoir vne ſeule minute
de repos : choſe qui luy apportoit
vne merueilleuſe debilitation d'eſto-
mach, & vne grande diminution de
chaleur naturelle : & encore pour
facheuer

facheuer de ruyner, voyant comme
ie dy qu'il ne repofoit nullement, &
qu'il auoit toufiours les yeux ouuerts
& l'ame eueillee & fenfible aux poin-
tes & aux aiguillons de fa douleur: il
fut contrainct pour charmer & coniurer la cruauté de fon mal, d'auoir
recours à vn fomme artificiel, & de
fe mettre à boire du iuft de pauot, lequel au lieu de luy apporter quelque
ayde & quelque foulagement, luy
engourdit tellement les functions
naturelles, & luy refroidit fi fort le
fang & les efprits, qu'il tomba tout à
faict en vne atrophie & en vn default
de nourriture, de forte que toutes fes
extremitez ne receuoient plus aucun
aliment ny aucune fubftance. Et ce
fut alors que non feulement il perdit
l'vfage de toutes les parties de fon
corps, excepté celuy de la lãgue feule,
qui luy reftoit encore pour exprimer

ſes paſſions & ſes douleurs: mais meſme que celles qui eſtoient les plus
eſloignees venant à ne receuoir plus
de vie ny d'aliment, & à eſtre occu-
pees d'humeurs vicieuſes & corrom-
pues, commencerent à ſe diſſoudre
& à ſe deſcharner, ſi bien qu'il ſe voyoyt mourir tous les iours partie apres
partie deuant ſes propres yeux. Car
les os de ſes mains & de ſes pieds ſe
deſpouilloient & ſe deſcouuroient
d'eux meſme, tellement que celuy e-
ſtoit le plus piteux ſpectacle qu'il e-
ſtoit poſſible que de ietter la veuë
deſſus, & qu'il n'y auoit ame au monde ſi aſſeuree qui n'euſt eu occaſion
de s'en effraier & d'en trembler.

La ſienne neantmoins parmy tous
ces tourments, & toutes ces agonies
ne faiſoit aucune contenance de ceder à la rigueur de ſon mal : mais
monſtroit tout au contraire qu'elle

prenoit

prenoit de iour en iour de nouuelles forces pour combatre contre sa douleur, non pas en touchant la terre comme Antee, mais en s'approchant du ciel, & le touchant auecques la foy & auecques l'esperance. Car ainsi comme s'il eust esté en vne extreme trãquillité, & que rien ne l'eust diuerty des belles conceptions qu'il auoit auparauant, il recitoit encore au fort de son mal les plus beaux vers spirituels, & les plus remplis de constance & de generosité qu'il estoit possible d'imaginer. Et combien qu'il fust parmy les larmes de ses amis & de ses parents, qu'il fust aux accez & aux auenues de la mort, & que ceux qui luy assistoient racontent, qu'ils voioient son visage tout en eau, & ses linceux tous mouillez & trempez de sueur, pour l'extreme trauail qu'il enduroit : Si est-ce qu'il les pronon-

L

çoit auec vne parolle si ferme & si af-
seuree qu'il ne sembloit pas que ce
fust vne voix humaine qui parlast,
mais que ce feust quelque diuinité
qui se seruist de sa bouche pour rendre ses oracles : tant cest homme là
auoit vn courage inuincible & ex-
empt de la tyrãnie & de la subiection
de son corps, & tant il auoit vne ame
vrayement inclinee & addonnee à la
poësie, & s'il fault dire ainsi vne ame
essenciellement poëtique. Car des
vers spirituels que les autres desespe-
reroient de pouuoir faire en leur plus
belle disposition, il les prononçoit
encore qu'il tiroit desia à la fin, &
qu'il auoit quasi par maniere de dire
la mort dedans la bouche. Aussi certainement pouuons nous dire maintenant que la poësie Françoise a faict
son tour & sa reuolution dans le cer-
cle & dans la periode de sa vie. Il l'a
veuë

veuë en fon orient, il l'a veuë en fon
occident, il l'a veuë naiftre, il l'a veuë
mourir auecque luy: elle a eu vn mefme berceau, elle a eu vne mefme fe-
pulture.

Entre les vers doncques qu'il recita cependant qu'il fut à Croix-val,
il prononça des ftances qu'il addref-
foit à vn fien nepueu, deplorant la
mifere & la calamité de cefte vie, &
l'admoneftât de fuïr les plaifirs & les
voluptez comme les peftes de la ieu-
neffe, qui n'apportoient autre chofe
que la perdition de l'ame, & la de-
ftruction du corps. Apres il com-
pofa & prononça luy mefme fon E-
pitaphe en fix vers, comme il vouloit qu'il fuft efcript & engraué fur
fon tombeau, Et puis fit quelques
fonnets en forme de plainctes & de
confolatiós fur l'extremité de fa douleur, & fur l'efperãce qu'il auoit d'en

eſtre bien toſt deliuré. Comme il ſe
voyoit mourir continuellement deuant ſes yeux, & ne pouuoit ietter la
veuë ſur aucune partie de ſon corps
qu'il n'euſt occaſion de trembler:
mais que le ſecours du Seigneur e-
ſtoit prochain, & qu'il eſperoit qu'il
n'auoit plus gueres long temps à
ſouffrir de ceſte façon. Et puis il en
fit encore quelques autres qu'il ad-
dreſſoit à Dieu, à fin de le prier qu'il
luy pleuſt d'auancer les iours de ſon
ſalut: qu'il auoit eſſaié tous les reme-
des des hómes, pour trouuer moyen
d'auoir quelque heure de repos:
mais que ny le iuſt de pauot ny toutes les drogues des Apothiquaires
ne luy profitoient plus de rien, &
partant qu'il le ſupplioit comme ſou-
uerain medecin d'y mettre la main
luy-meſme & d'appliquer ſa miſeri-
corde à ſa douleur, c'eſt à dire, de luy

enuoyer

enuoyer le sommeil, ou la mort.

Ce pendant Monsieur Gallandius qui auoit tousiours esté l'intime & fidele amy de Mõsieur de Ronsard, & qui pour dire la verité monstre vn bel exemple en ce siecle, comme il fault aimer & cherir les personnes de vertu, & puis commé il les fault honorer apres qu'on les a aimees. Car n'ayãt iamais eu autre suiect de vouloir bien à Monsieur de Ronsard, & de l'affectionner, comme il l'affectionnoit plus que sa propre vie, sinon l'inclination naturelle qu'il auoit à faire cas de son merite : il luy a tousiours conserué ceste amitié non seulement durant qu'il a vescu, mais mesme l'a gardé sacree & inuiolable apres sa mort, rendant à son ame & à sa memoire par ces actions publiques & solennelles, les hõneurs & les offices qu'il ne luy a peu ren-

dre à luymesme, ce pendant qu'il e-
stoit viuant. Ayant doncques entendu monsieur Gallandius, l'extremité
de maladie où estoit monsieur de
Ronsard, il partit en toute diligence
de ceste ville, pour luy aller assister
en ceste derniere necessité. Or appre-
hendoit fort monsieur de Ronsard
de le veoir & de parler à luy, quand
il eut sçeu qu'il estoit arriué à Croix-
val, de peur que cela ne luy renouuel-
last la memoire de leur ancienne fa-
miliarité : Adonc comme il le veid
entrer dedans sa chambre, il eut le
cœur saisy de pitié & de compassion
de luy mesme, & ne se peut garder
qu'il ne luy tombast quelques larmes
des yeux. Car ceste belle Ame qui
s'estoit tousiours monstree si impas-
sible & si invulnerable, à tous les autres traicts de sa douleur, ne se sçeut
tenir alors qu'elle ne s'amollist à la
souuenan-

ſouuenance & à la recordation de leur fidelité & de leur amitié paſſee. Et comme il veid que monſieur Gallandius ſe vouloit mettre en deuoir de le conſoler, mais que les larmes & la douleur luy empeſchoient la parolle, il prit luy meſme le propos & luy dict, qu'il eſtoit bienheureux de partir de ceſte vie, en laquelle il ne pouuoit plus auoir que peine & que tourment: Que ſ'il y auoit quelque choſe qui luy deuſt faire deſirer d'y demeurer plus long temps, c'eſtoit l'affection & l'amitié qu'il luy portoit. Mais qu'il ne ſe falloit pas oppoſer à la volonté de Dieu, & que pour le moins il l'aſſeuroit, qu'ils ne ſeroient iamais ſeparez l'vn d'auecques l'autre, & que ſi leurs corps eſtoient eſloignez, leurs ames ſeroient perpetuellemét enſemble: que quant à luy, puis que c'eſtoit le plaiſir de

Dieu, il y acquiessoit fort volontiers,
& qu'aussi bien ceste vie, comme
il disoit, ne luy estoit plus qu'vne
mort continuelle: qu'il voyoit bien
que Dieu l'appelloit à vne qui estoit
meilleure & plus asseuree : qu'il en a-
uoit tout plein d'indices & d'aduer-
tissements, non seulement par la
debilité de sa chaleur naturelle, qui
commençoit entierement à defaillir,
mais mesmes par des presages qui venoient de plus loing : & que la nuict
precedente, comme tout le monde
s'estoit retiré de sa chambre, il luy e-
stoit apparu vne grande lumiere : &
là dessus luy recita ceste histoire dont
tant de personnes ont ouy parler.
C'est qu'il auoit veu vn esprit ou vn
phantosme, & qu'au commencemét
il s'estoit senty tout troublé & esmeu
en luy mesme : mais qu'à la fin il a-
uoit receu beaucoup de consolation
& d'a-

& d'allegement : & apres luy racon-
ta ce qui s'estoit passé entre eulx , &
comme il estoit disparu : & l'entretint
encore quelque espace de temps sur
ce suject: & puis finalement auecques
des larmes plus chaudes qu'au parauant, commença à luy dire qu'il le
prioit qu'il le laissast & qu'il se retirast
d'aupres de luy : tant à fin qu'il ne
continuast point à augmenter son affliction en le voyāt si desolé & si des-
conforté : qu'aussi à fin qu'en mou-
rant il n'eust point vn obiect deuant
les yeux, qui luy fist auoir regret de
partir de ce monde, & s'en aller à
Dieu, comme il voyoyt qu'il y estoit
appellé.

De vous dire puis apres quels cō-
bats ils eurēt ensemble, quels Adieüs
ils se dirēt l'vn à l'autre, & quelles larmes ils espandirent , il vous est plus
facile de le penser, qu'à moy de vous

M

le raconter. Et pour ceste cause ie me
remettray à pourfuiure ma narration
comme ie faifoy auparauant. Eftant
doncques monfieur de Ronfard tout
refolu de debuoir mourir dans peu de
iours : & en ayant eu non feulement
des aduertiffements naturels , mais
mefmes des prefages & des admonitions extraordinaires , comme il en
arriue le plus fouuét à ces grands perfonnages auant leur decez : foit que
ce fuft fon Ange & fon genie qui luy
eftoit apparu, comme à Brutus deuát
la bataille de Philippes, ou qu'il en al-
laft autrement: il delibera de faire encore vn voyage pour le dernier qu'il
defiroit d'accomplir en ce monde :
c'eft de fe faire tranfporter à vn prieuré qu'il auoit auprès de Tours, qui
f'appelloit fainct Cofme, lequel il aimoit infiniment. Ce Prieuré eft fi-
tué en vn lieu fort plaifant, affis fur la
riuiere

riuiere de Loire, accompagné de boc-
cages, de Fontaines & de ruiſſeaux, &
de tous les autres plaiſirs & ameni-
tez qui ſont ordinairement en la
Touraine, de laquelle il eſt comme
l'œil & les delices. Cela faiſoit que
monſieur de Ronſard ſy aimoit d'a-
uantage qu'en pas vn de tous autres
lieux qu'il auoit, comme eſtant le
plus propre à entretenir ſes Muſes, &
à recreer la beauté de ſon eſprit : Ioint
auſſi que c'eſtoit le premier bien Ec-
cleſiaſtique qui luy eſtoit iamais arriué. N'ayant doncques plus autre paſſion en ce monde, ſinon de ſy faire
trãſporter, à fin de iouïr de ceſte derniere felicité, d'y mourir, & d'y eſtre
enterré, & de ſe perſuader par maniere de dire, que ſes os y repoſeroient
plus doucement qu'en vn autre lieu,
il ſe fit veſtir & habiller tout perclus
& eſtropié comme il eſtoit : & ſe fit

M ij

porter dans ſon coche, comme vn tronc & comme vne ſtatue, ſans ſe mouuoir, ſans ſe remuer, & ſans a-uoir plus aucun acte de vie que le ſentiment de ſa douleur.   Or eſtoit le temps ſi mauuais qu'il n'y auoit aucun ordre de ſe mettre par les champs quand c'euſt eſté l'homme du monde qu'il ſe ſeroit le mieux porté: tellemét qui luy fallut differer ſon voyage iuſques à vne autre fois, & attendre que le mauuais temps fuſt paſſé. Ce fut là la cataſtrophe de la Tragedie: car il ne voulut iamais permettre qu'on le deſpouillaſt pour l'apprehéſion qu'il auoit du mal qu'il luy faudroit ſouffrir quand ce viendroit à remettre ſes habilleméts: de ſorte qu'il fallut qu'il demeuraſt par l'eſpace de trois iours & de trois nuicts ainſi veſtu & ha-billé. Au quatrieſme ne pouuant plus auoir la patience d'attendre d'auan-

tage

tage, il commanda que lon luy atte-
laſt ſon coche des deux heures deuant le iour : & ſ'eſtant mis aux chãps
par le vent & par la pluye, fit tant de
ceſte premiere traitte, qu'il alla cou-
cher à vne lieuë de là : de maniere que
ayant faiƈt cinq ou ſix telles iournees
pour venir à bout de quatre ou cinq
lieuës de chemin qui luy reſtoient, il
arriua finalement à ſainƈt Coſme vn
iour de Dimanche ſur les cinq heures
de ſoir, depuis lequel temps iuſques
au Ieudy ſuiuant, il ne luy ſuruint aucun accident notable, ſinon qu'il alloit affoibliſſant de iour en iour. Le
Ieudy enuiron ſur les deux heures a-
pres midy, comme ſa chaleur naturelle commençoit à ſ'eſteindre totalement, & à n'eſtre plus ſuffiſante
pour entretenir le ſentiment de ſa
douleur, il commença à tomber en
vn aſſoupiſſement, auquel apres auoir

M iij

demeuré enuiron vne heure de téps,
il se resueilla, & commanda que lón
prist la plume pour escripre ce qu'il
nommeroit : & alors il recita deux
sonnets, l'vn addressant à son ame, là
où il l'excitoit courageusement à se
preparer à ce bien_heureux departement, lequel il sentoit approcher de
iour en iour: que c'est qu'elle pensoit
faire, & si elle vouloit dormir alors
qu'il estoit temps de songer à desloger, & si elle vouloit demeurer en-
gourdie en ceste masse corporelle:
que la trompette auoit sonné, qu'il
falloit qu'elle auisast à serrer bagage
& à quitter ceste demeure incertaine
& passagere, pour en aller cercher la
hault vne permanente & asseuree, & à
quitter ceste vallee de pleurs & de larmes, pour aller se rendre sur la mónta-
gne saincte, là où IESVS CHRIST
l'attendoit au hault de la croix aiant

les

les bras estendus pour la recepuoir
& pour l'embrasser : & autres telles
considerations pleines depieté & de
deuotion. Le second estoit comme
vne espece d'Adieu qu'il disoit à toutes les choses caduques & perissables,
lesquelles il estoit prest de laisser &
d'abandonner, & côme vne admoni-
tion qu'il se faisoit à luy mesme, qu'il
n'estoit plus temps de retourner sa
veuë derriere luy : que c'estoit faict:
qu'il auoit deuidé le fil de ses desti-
nees, qu'il auoit espandu son nom
par tout le monde, qu'il auoit faict
voler sa plume iusques aux Cieux:
mais maintenant qu'il falloit faire e-
stat de quitter toutes ces vanitez, pour
aller cercher vne possession plus asseuree, vne vie plus heureuse & con-
tente, vne gloire plus solide & essen-
cielle entre les bras de IESVS CHRIST:
& sur ce qu'il en vouloit encore nô-

mer d'autres , il commenda qu'on
luy releuſt ceux qu'il venoit de pro-
noncer pour veoir comme il les auoit
eſcripts , mais trouuant qu'il y auoit
autant de faultes que de mots , pource que ceulx qui les recueilloiét ſoubs
luy , eſtoient perſonnes entierement
ignorantes , cela le rebutta & le deſ-
couragea. Le lendemain ſur le midy
les plus notables hommes de la ville
de Tours , qui l'auoient ſouuent vi-
ſité depuis qu'il eſtoit arriué à ſainct
Coſme, ayant entendu qu'il n'y auoit
plus gueres d'eſperance qu'il peuſt
paſſer ce iour là , ſauancerent de le
venir veoir de meilleure heure que les
iours precedents: & vn peu apres que
ils furent entrez dans ſa chambre, le
Prieur de ſainct Coſme qui les y auoit
conduicts , commença à prendre la
parolle , & dict à Monſieur de Ronſard,qu'il ſembloit que Dieu les vouloit

loit tant affliger que de le retirer hors
des miseres de ceste vie, & de l'appeller à foy : & que pour ceste cause
ce seroit sagement faict de s'y preparer ce pendant qu'il en auoit le loisir
& la commodité: qu'il auoit des affaires temporelles, qu'il ne seroit pas mal
à propos qu'il aduisast comme il en
voudroit disposer ce pendant qu'il e-
stoit encore en ce monde : qu'il auoit
aussi des affaires spirituelles, qui estoit
l'estat de son ame & le salut de sa con-
science, qu'il seroit bon d'y vacquer
pareillement, & de se resouldre de la
façon de laquelle il vouloit mourir.
Adonc il s'offença à bon escient, &
luy demanda s'il ignoroit comme il
vouloit mourir, & luy dit qu'il vouloit mourir comme il auoit vescu,
c'est à dire, en la foy & en la creance
de l'Eglise Catholique. Et alors il cō-
manda qu'on luy fist venir tous ses

N

Religieux, & qu'il vouloit qu'ils fuffent fpectateurs du dernier acte de fa
vie : & puis quand ils furent tous af-
femblez, il commença à leur faire
comme vne efpece de fermon & d'ex-
hortation, & leur dit, Qu'il recon-
gnoiffoit qu'il auoit efté pecheur,
comme les autres hommes, & mefme beaucoup plus grand pecheur
que la plus part des autres hommes:
qu'il s'eftoit laiffé emporter à fes
fens & à fes delices, & qu'il ne les a-
uoit pas fi bien reprimez comme il
appartenoit:mais que ce pendant il a-
uoit toufiours tenu la foy & la religió
que fes ayeuls luy auoient baillee:
qu'il ne feftoit point laiffé fuborner
aux herefies, & aux nouueautez: qu'il
auoit toufiours embraffé la creance
& l'vnion de l'Eglife Catholique:
Qu'il auoit mis vn bon fondement,
mais qu'il auoit bafty deffus du foin,
du

du bois, & de la paille : que quant à
son fondement il estoit bien asseuré
qu'il demeureroit : quant à ce qu'il a-
uoit basty dessus, il esperoit en la misericorde de Dieu, qu'il seroit consu-
mé par le feu de sa charité & de son
amour : qu'il les prioit & les exhor-
toit qu'ils creussent comme il auoit
creu, mais qu'ils ne vescussent pas cõme il auoit vescu, pour le regard de
ses actions & de ses deportements :
que toutesfois il n'auoit iamais en-
trepris, ny sur la vie, ny sur les
biens, ny sur l'honneur de personne, mais neantmoins que ce n'e-
stoit pas dequoy se glorifier à l'endroict de Dieu. Et puis s'apperceuant
qu'ils auoient le visage tout baigné
de larmes, il leur dit, qu'il les prioit
qu'ils ne plorassent point de le veoir
aux douleurs, & aux agonies où il e-
stoit : mais plustost qu'ils deploras-

N ij

sent leur condition, de ce qu'ils auoiét
à y entrer quelque iour : & que quant
à luy ils le deuoient reputer bien
heureux d'estre si pres d'en sortir &
d'en auoir deliurance : que la vie des
hommes estoit vne perpetuelle agitation, vne perpetuelle tourmen-
te, vn perpetuel naufrage : que c'e-
stoit vne mer & vne confusion de
pechez, de larmes & de douleurs, &
que le port de toutes ces calamitez
c'estoit la mort: qu'il auoit gousté de
tous les plaisirs que lon pouuoit i-
maginer en ce monde, & n'auoit rien
laissé derriere luy, qu'il deust regret-
ter de n'auoir point essayé : mais qu'à
la fin il auoit trouué que tous les cõ-
tentements des hommes n'estoient
qu'illusion & que vanité : que de la
plus belle & de la plus douce de toutes ces vanitez qui estoit la gloire &
la reputation, il auoit eu plus de su-

ject

ject d'en estre rassasié, que personne de son siecle : mais que maintenant il la laissoit à sa patrie, & à sa nation, pour en iouïr apres sa mort : & qu'il s'en alloit d'icy bas, extremement content & assouuy de la gloire du monde, & extremement desireux & affamé de la gloire de DIEV.

Apres auoir prononcé ces choses & vne infinité d'autres auecques la mesme constance, & la mesme fermeté, que s'il eust esté en sa premiere disposition, excepté qu'il auoit la voix vn peu plus foible, il commanda enuiron sur les trois heures, qu'on luy apportast les sacrements necessaires en telles extremitez : lesquels apres auoir sainctement & deuotement receuz, & auoir dict les dernieres parolles, il comméça à se tourner de l'autre costé, comme s'il eust voulu reposer. Ce pen-

dant toute la ville de Tours eſtoit là
en pleurs & en larmes, qui regrettoit
ſa miſere & ſa calamité, & ſe plai-
gnoit de ceſte ſeparation, ainſi que
d'vne tyrannie & d'vne cruauté de la
deſtinee, & s'efforçoit de retenir &
de coniurer ce bel eſprit, comme ſ'ils
l'euſſent peu arreſter auecques leurs
mains & auecques leurs prieres : Les
Anges d'autre coſté aſſiſtoient inuiſiblement à ce dernier combat, & at-
tendoient le departement de ceſte
belle ame, pour l'accompagner en
ſon voyage, & veilloient à l'entour
d'elle, ce pendant qu'elle repoſoit.
Ayant donc eſté encores quelque
temps en ceſt aſſoupiſſement, il ſe
reſueilla de rechef, mais comme il fut
eſueillé, il ſentit que ſon cerueau cõ-
mençoit à s'aliener & à ſe deſuoyer
aucunement : & alors il ſe desfia que
ceux qui eſtoient là preſens ne remar-

quaſſent

quaſſent quelque alteration en ſon e-
ſprit, & qu'il ne luy arriuaſt de leur dire quelque choſe mal à propos: & eut
encore ce beau ſoing au dernier acte
de ſa vie, de ne vouloir pas qu'il luy
eſchappaſt aucune parolle qui fuſt in-
digne de l'eſprit & de la bouche du
grand Ronſard. Et pour ceſte cauſe il
appella ſa garde, qui eſtoit vne pauure
vieille femme, que l'on auoit fait venir à fin qu'elle ſe tint aupres de luy: &
comme elle ſe fut approchee, & qu'il
veit qu'elle pleuroit à chaudes larmes,
non pas pour aucun intereſt qu'elle
euſt à ſa mort, mais par pitié & compaſſion de ce qu'elle voyoit les autres
qui pleuroient, il luy deãmda que c'e-
ſtoit qu'elle auoit à pleurer, & luy re-
mõſtra qu'elle feroit beaucoup mieux
ſi elle ſe mettoit à prier Dieu pour
luy: & puis luy dit, qu'elle priſt garde
à luy, & quand il commenceroit à

reſuer qu'elle le pouſſaſt , & qu'elle
l'en aduertiſt.   Et cela fait , inclina de
rechef ſa teſte ſur le cheuet de ſon lict
pour repoſer comme il auoit fait au
precedent. Helas ! à la miénne volonté que ie peuſſe mettre icy fin à mes
parolles , & que ie ne fuſſe point contraint de pourſuiure ceſte narration,
& la continuer plus auant.

Car qui eſt-ce qui donnera de l'eau
à mon chef, comme dict le Prophete,
& qui eſt-ce qui donnera des fontaines de larmes à mes yeux ? qui eſt-ce
qui me conuertira tout en voix & en
langues, pour aller publier ces triſtes
nouuelles, pour aller annoncer que le
grand Pan eſt mort, pour aller exciter
des gemiſſements & des lamétations
par toute la France ? C'eſt maintenant que les oracles ſont ceſſez : c'eſt
maintenant que la poëſie eſt eſteinte

&

& abolie : c'eſt maintenant que les Muſes ſont delaiſſees & abãdonnees. Miſerable nation Françoiſe, qui auois nagueres tant dequoy triompher par deſſus les autres prouinces, où eſt allee ta gloire & ta ſplendeur, & qu'eſt deuenu ton luſtre & ton ornement? Fauldra il deſormais que quand tu te voudras comparer auecques les nations eſtrangeres, tu ſois contrainĉte de retourner aux ſepulchres & aux monuments, & d'auoir recours à la memoire des choſes paſſees ? Pauure prouince affligee plore ceſt accident, auecques tes autres calamitez : & ne le pleure pas ſimplement pour le deſplaiſir que tu doibs recepuoir d'auoir faiĉt vne perte ſi irreparable, mais meſmes pour les mauuais augures & preſages que la mort de ces grands hommes porte ordinairement apres ſoy aux eſtats & aux republiques où

O

ils ont vescu. Et vous qui estes icy
presens, & assistez à ce sainct & deuot
office, qui estes vne bonne & grande
partie des ornements & de la lumiere
de ce Royaume, & qui deuez estre
plus sensibles aux malheurs & aux af-
flictions du public, que le simple peuple & les personnes particulieres: lais-
sez-vous toucher à la pitié & à la cō-
passion, conioignez vos larmes auecques celles des Muses, & auecques les
nostres, & monstrez que vous auez
plus perdu à sa mort que personne
du monde: vous, de qui les actions &
les vies meritent d'estre dediees & cō-
sacrees à l'immortalité. Mais qu'est-il
necessaire de vous esmouuoir à le re-
gretter, puis que c'est vous qui y auez
le principal interest? qu'est-il besoin
de vous attendrir le cœur, & de vous
faire fondre en larmes, puis que c'est
vous qui en ressentez la plus grande
passion?

paſſion? Ne vault-il pas beaucoup
mieux ceſſer d'affliger ceux qui ſont
affligez, & mettre peine d'eſſuyer vos
pleurs, que de les eſmouuoir & de les
exciter? Ie tourneray dõc ailleurs l'effect de mon oraiſon & de mes parolles, & au lieu de l'employer à vous en-
nuyer & à vous attriſter d'auantage:
i'eſſayeray s'il m'eſt poſſible de le faire
ſeruir à vous conſoler, & à vous re-
conforter aucunement. Mais helas,
quel reconfort vous pourray ie dõner
en ceſt accident public, auquel ie ſuis
moymeſme ſi deſolé, & ſi deſcõforté?
quelle cõſolation vous pourray-ie aller cercher en ceſte douleur vniuerſelle, & en ce naufrage cõmun des Muſes
& de la poëſie? quel allegement vous
pourray ie apporter en ce mal qui eſt
ſi recent, & le ſera perpetuellement,
que tous les appareils que lon y ſçau-
roit appliquer ne peuuent ſeruir, ſi-

non de l'aigrir & de l'irriter d'auantage? Voicy ce que ie vous remettray
deuant les yeux : c'est que nous ne l'a-
uons pas perdu totalement : c'est que
nous n'en sommes pas priuez entierement : c'est que nous en possedons
encor la plus belle & la meilleure partie. Nous auons tant de ses œuures &
de ses labeurs, qui nous sont demeu-
rez entre les mains, qu'ils doiuent estre
suffisants non seulement pour con-
soler l'ennuy de son esloignement,
mais mesme pour nous rendre aucunement iouyssans de sa conuersation,
& faire q̃ ce bel esprit qui ne respiroit
qu'eternité & qu'immortalité, soit
perpetuellemét & eternellement present auecques nous : il viura, il sera leu,
il florira, il se conseruera dans la pensee & dans la souuenance des hommes, tant qu'il y aura quelques ensei-
gnes & quelques marques de l'Empire

des

des François, tant que la langue Frã-
çoiſe aura quelque cours & quelque
ſon parmy les nations eſtrangeres, tãt
que lettres ſeront en eſtime & en reputation, & tant qu'il y aura des hommes qui voudront ietter les yeux ſur
les actes de leurs predeceſſeurs, il ne
craindra aucune ſucceſſion de temps,
ny aucune antiquité, il conuerſera ſpi-
rituellement & inuiſiblement auec
nous. Car quant à ce voile corporel
qu'il a deſpouillé, quant à ces os & à
ces cendres qu'il a laiſſees, qui ne luy
appartenoient non plus que les veſte-
mens deſquels il eſtoit enueloppé, &
n'eſtoient non plus parties de luy que
le monument, dans lequel elles ſont
encloſes & enſeuelies : outre ce que
c'eſt imprudence & temerité de ſe
plaindre de la volonté de Dieu, & que
ces larmes qui accuſent ſon iugement
& ſa prouidence ſont pleines de ſacri-

O iij

lege & d'impieté : encore il ſemble
que c'eſt porter enuie à ſa felicité, que
d'auoir regret qu'il ſoit deliuré de la
charge & des incommoditez, que ce
corps caduque & periſſable luy apportoit : qu'il ſoit hors des douleurs
& des maladies dont il eſtoit detenu,
qu'il ayt changé ſa condition ſeruile
& pleine de captiuité à la franchiſe &
à la liberté des eſprits bienheureux: &
que ceſte belle ame eſtant deſuelop-
pee des empeſchements du corps &
de l'opacité de la matiere, qui ne luy
ſeruoient d'autre choſe que de trou-
bler la lumiere & la pureté de ſes con-
templations , ſoit maintenant vnie
& coniointe immediatement auecques Dieu : & qu'eſtant toute nuë
& toute deſcouuerte elle contemple auſſi nuement & à deſcouuert
ceſte ſupreme intelligence , qui eſt la
meſme pureté & la meſme ſimplicité,

iouyſſant

iouyſſant de la priuaulté & de la fa-
miliarité que les Anges ont auec elle,
& ſe riát de tous les autres plaiſirs, qui
ne ſont qu'ombres & fantoſmes en
comparaiſon de ceſte vnique felicité.
Qu'il eſt heureux maintenant de voir
qu'il ſ'eſt retiré de ce monde au temps
que toutes choſes luy deuoient faire
ſouhaitter de ſ'en eſloigner : que non
ſeulement les maladies deſquelles il
eſtoit affligé, mais auſſi celles dont
tout l'eſtat & toute la republique des
François eſtoit trauaillee, ne luy deuoient faire deſirer autre choſe que la
mort. Certainement quand ie conſi-
dere, en quelle ſaiſon il eſt ſorty de
ceſte vie: en quelle diſpoſition eſtoiét
les affaires de ce miſerable Royaume,
à l'heure qu'il nous a laiſſez : & comme il eſt mort en vn temps qu'il eſtoit
beaucoup plus facile de deſplorer
l'eſtat de ſa patrie que de le ſecourir,

ie ne puis attribuer ſon decez ſinon
à vne grace & à vne benediction
de Dieu : & me ſemble qu'eſtant decedé ſi à propos pour luy, nous deuōs
pluſtoſt dire que Dieu luy a donné la
mort, que non pas dire qu'il luy a oſté
la vie . Il n'a point veu les guerres ciuiles allumees en ce Royaume pour
la neufieſme fois, & tout ce miſerable
Eſtat acheué de ruiner par les pretex-
tes & par les contentions de la Religion : il n'a point veu la cinquieſme
inondation des Reiſtres & autres e-
ſtrangers en ſa prouince : il n'a point
veu la diſſipation des lettres & des V-
niuerſitez : il n'a point veu l'Egliſe,
pour la defenſe de laquelle il a autres-
fois ſi heureuſemēt combatu, & pour
la querelle de laquelle il s'eſt ſi volontairement expoſé à tant de glaiues de
morts & de ſupplices, plus cruelle-
ment menacee & aſſaillie que iamais
aupar-

auparauant : & en somme il n'a point
esté contraint d'estre spectateur des
funerailles de sa patrie, & de craindre
non seulement la domination des
meschans, mais mesme d'apprehender l'aduantage & la victoire des bôs,
pour la perte d'vne infinité de gés de
bien, qui y est necessairemét côioin-
cte : là où nous autres miserables, cō-
bié cheremét achettós-nous, non pas
ceste vie, mais ces reliques de vie qui
nous restent encore à acheuer apres
luy ? estât contraints de les employer
à regarder tant de piteuses & cruelles
Tragœdies ? Ne vaudroit-il pas beaucoup mieux, puis q̃ nous deuós tous
paruenir à vn mesme but, que nous
y arriuassions des premiers, sans estre si
long temps spectateurs de nos miseres & de celles d'autruy, & accroistre
nostre infelicité par le prolongement
de nostre vie ? Car qu'est-ce que nous

P

emportons autre chofe du peu de temps que nous auons à viure d'a-uantage , finon qu'en partie nous voyons plus de mal , en partie nous l'endurõs, & en partie nous le faifons, & puis finalement nous payons le tri-but commun & neceffaire à la natu-re : nous fuyuons les vns, nous prece-dons les autres, nous deplorons les vns , nous fommes regrettez des au-tres : & ce mefme office de larmes que nous rendons aux vns , nous l'atten-dons & le receuons des autres. Telle eft la cõdition des hommes, defquels la vie eft comme l'eau qui eft efpãdue fur la terre, & n'eft iamais ramaffee : telle eft la loy de la nature, que quand nous ne fommes point , nous naif-fons, & quand nous fommes naiz, de rechef nous fommes diffouz. L'hõ-me eft vne fueille d'Autonne, qui eft prefte à cheoir au premier vent : vne

fleur

fleur d'vne matinee, vne ampoule qui s'enfle & s'esseue sur l'eau, vne exéple de misere & d'imbecillité : & s'il est permis de parler ainsi, vn iouët de fortune & de nature. Que diray-ie plus? vn fantosme qu'on ne peut retenir, vne ombre d'vn songe d'vne nuict, vne petite estincelle de flâme dâs le cœur, vn peu de fumee dans les narines, & tout le reste phlegme & cholere. L'hôme, dit le Prophete, est comme le foin, & ses iours fleurissent comme la fleur de l'herbe qui croist parmy les champs.

De là pouuons-nous faire estat, combien nostre condition de nous qui sommes icy viuans, est moins excelléte que la condition de celuy que nous regrettons maintenant : duquel à fin de commencer par les choses de ce monde, la gloire & la reputation a esté si grande ce pendant qu'il a vescu, qu'elle a excedé toute celle des autres : mais depuis qu'il est mort, elle s'est encore tellement augmétee qu'à la fin elle s'est excedee & surpassee elle mesme, & a faict comme les phioles qui sont pleines de senteurs, lesquelles quand elles viennent à estre cassees, espandent leur odeur encore beaucoup plus loing qu'elles ne faisoient auparauant. Et quant à son ame, certainement la mort luy a apporté vne infinité de biens & de felicitez, & ne luy a rien osté que la participation & le sentiment des douleurs de son corps : elle iouïst maintenant de la conuersation des Anges, de la contemplation des choses qui ne se peuuent imaginer, de la gloire & de la lumiere de Dieu, du repos & du contentement eternel. Elle a laissé la contagion & l'impurité de la matiere, qui est comme vne espece de mort, & com-

commence maintenant à viure veritablement : elle ne voit plus l'ombre & la figure des choses celestes, mais contemple le vray original, & le vray exemplaire : elle ne voit plus Dieu par enigme, & comme dans vn miroir, mais elle le voit face à face , & discourt auecques luy, & implore sa misericorde pour nos pechez & pour nos offenses. Et quant à ce corps, qui est maintenant enclos dans vn sepulchre, pour en sortir quelque iour plus glorieux & plus triomphant qu'il ne fut iamais, & duquel les cendres & les reliques sont comme des semences de l'immortalité, il est encore beaucoup plus heureux d'estre priué de vie & de sentiment comme il est, que d'estre exposé à tant de tourments de douleurs & de maladies ausquelles il estoit subiect.

Voila combien nostre vie est plus

malheureuſe & plus deplorable que
la mort de ce grand perſonnage que
nous deſplorons, nous qui ſommes
enclos dedans des vaiſſeaux de terre
& de bouë, qui ſommes logez dans
des maiſons de fange & de pourritu-
re, qui n'auons qu'vne ombre de vie,
& de côgnoiſſance, & deſquels l'ame,
ſ'il fault dire ainſi, eſt comme morte
& enſeuelie dans ces ſepulchres &
dans ces monuments que nous por-
tons côtinuellement auecques nous.

Vous voyez donc combien il nous
eſt plus neceſſaire de reſeruer nos larmes pour nous meſmes que de les eſ-
pandre à ſon occaſion, veu qu'auſſi
bien elles luy ſont inutiles & ſuper-
fluës. Car ce que nous pouuons faire
en ſa faueur maintenât qu'il eſt mort,
ce n'eſt plus de le pleurer & de le re-
gretter : les larmes que nous eſpan-
dons ſur ſa ſepulture, ce n'eſt pas pour
ſon

son interest, c'est pour le nostre. Ainsi
doncques ce que nous pouuons faire
pour luy d'oresenauant, c'est de cherir & d'estimer sa memoire, c'est de la
recorder entre nous, c'est d'en parler
le plus souuent, & le plus honnora-
blement qu'il nous sera possible, & de
le faire reuiure eternellement icy bas,
s'il est ainsi que la vie de ceux qui sont
morts cõsiste en la memoire de ceulx
qui sont viuants. Ce que nous pouuons aussi faire pour luy, c'est que
d'autant que nous n'auons point de
certitude, combien qu'il nous soit
permis d'esperer en la meilleure part,
qu'il soit encore entierement purgé
& nettoyé des reliques des pechez
qu'il a commis estant en ce monde,
nous pouuõs luy assister de nos prieres & de nos oraisons pour ayder à
la mettre hors de ces peines temporelles. Or cela c'est chose qui n'a

point befoing de nous eftre d'auantage recommandee , tant pource que
la charité Chreftienne nous y oblige
affez d'elle mefme , que pource que
l'affection particuliere que nous auõs
à fa memoire, ne nous permet pas
d'eftre negligents en ce qui luy peut
apporter de l'allegemét & de la con-
folation.

Tu as doncques icy maintenant,
ô grãd Ronfard, ces derniers deuoirs
& ces honneurs funebres, qui te font
offerts de la part d'vne ame pleine
de paffion & de pieté en ton endroict.
Tu as icy maintenant les effays & les
premices de mon eloquence , fi lon
peult appeller eloquence des parolles & des plaintes proferees par la
douleur, lefquelles neantmoins quelles qu'elles foient te font dediees &
confacrees. Tu as icy fans doubte l'ornement de tous les ornements qui te
doibt

doibt eſtre le plus agreable : non pas
des effuſions d'onguéts & de parfuns,
deſquels l'odeur euſt eſté enſeuelie a-
uecques toy dans le meſme tombeau,
& fuſt perie des le premier iour de ta
ſepulture : non pas des œillets & des
roſes, qui ſe fuſſent fanies auſſi toſt
qu'elles euſſent eſté eſpáchees ſur ton
cercueil.   Le preſent que ie te fay
maintenant, c'eſt ceſte Oraiſon funebre & lamentable, laquelle paruien-
dra peut eſtre iuſques aux ſiecles d'a-
pres nous, & ne permettra point que
tu ſois entierement eſloigné de ceux
qui la liront : mais remettra touſiours
deuát les yeux de la poſterité, l'image
& l'effigie de ton ame depeinte & re-
preſentee au vif comme dans vn tableau. Que ſi tu reſſens encore, comme ſans doubte tu reſſens, quelque
ioye & quelque paſſion de ces offices
d'humanité : & ſi Dieu faict tant de

Q

grace & d'indulgence aux ames des bien-heureux, comme indubitablement il faict, que de leur permettre de gouster encore quelque plaisir & quelque delectation en ces honneurs qui leur sont deferez par les hommes: monstre nous que tu es esmeu & touché de nostre pieté. Assiste toy mesme, & sois present inuisiblement aux choses qui se font icy bas en ton honneur: iette les yeux sur ces actes & sur ces solennitez qui se celebrent pour glorifier ta memoire. Reçoy ces vœux & ces offrandes en bonne part, & les fauorise pour le moins d'vn seul regard de tes yeux, & d'vn seul aspect de ta veuë. Nous ne te faisons point des offrandes & des sacrifices à la façon des payens, nous te presentons ce que la pureté & la simplicité de nostre religion nous permet. Nous n'immolons point des animaux sur ton tombeau,

beau, ny ne respandons point du laict
& du sang dessus ta sepulture. Nous
ne te faisons point toutes ces offertes
& ces effusions mortuaires: mais nous
nous immolons nous mesmes par la
violence de nostre douleur, comme
autant d'hosties & de victimes funebres que nous sacrifions à ton Genie.
Nous luy offrons & luy respandons
nos pleurs & nos larmes, qui sont par
maniere de dire, comme le sang des
playes & des blesseures de nostre ame.
Ce sont là les honneurs funebres que
nous faisons à ta memoire. Nous ne
t'edifions poinct des temples & des
lieux sacrez, estans asseurez, que tu
t'en es basty vn dans tes œuures qui sera plus glorieux & plus perdurable,
que toutes les masses de pierre, & tous
les ouurages d'architecture. Nous ne
te faisons point des tombeaux & des
sepultures magnifiques, estimant que

Q ij

le plus digne monument que lon te
puiſſe conſacrer apres ta mort, c'eſt
la douleur & la lamétation publique.
Nous ne te dreſſons point des ſtatues,
des colomnes, des arcs triomphaulx :
car toy meſme t'es erigé des images,
des effigies & des ſtatues par tout le
monde : non pas des images muettes
& inanimees, non pas des ſtatues caduques & periſſables, & qui tombent
d'elles meſmes des le propre iour que
meurent les perſonnes, à qui elles ſont
conſacrees, comme celle de Hieron
Roy de Siracuſe : mais des images re-
ſpirantes & congnoiſſantes, & des ſtatues eternelles & perdurables. Car
autant qu'il y a d'ames en ceſte illuſtre
aſſemblee, qui aſſiſte à tes obſeques &
à tes funerailles, & autant qu'il y en a
par tous les lieux & par tous les en-
droicts de la terre, & autant qu'il y en
aura à l'aduenir par tous les ſiecles &

par

par tous les temps de la posterité : au-
tãt tu auras de statues viuantes, & d'effigies parlantes, qui publierõt eternellement ta gloire par le monde, iusques
à ce qu'vn iour nous n'aurons plus besoin de ces images & de ces impressiõs
que nous conseruons de toy en nostre memoire & en nostre souuenãce,
estant si heureux que de te veoir en
presence & conuerser auec toy face à
face, comme nous faisiõs par le passé.
Helas ! nous le desirons assez, ô belle
lumiere de la France, & ne regretons
autre chose en nos miseres & en nos
calamitez, que ce que nous n'auons
cest allegement de iouyr de ta compagnie & de ta frequentation, comme
nous faisions auparauant.

Mais ce bon heur n'est point en
nostre puissance, ce pendant que nous
sommes encore en ce monde, & n'est
pas en la puissance de nos yeux, qui

Q iij

sont mortels & corruptibles, de pouuoir supporter la splendeur de ta face
qui est claire & luisante comme le So-
leil, & celle de tes yeux qui sont res-
plendissants comme les estoilles. Il
n'est pas en nostre puissance de regarder ceste source de lumiere, de laquelle tu es enceint & enuironné, & dont
nous ne recepuons icy bas qu'vn bien
petit rayon encore à trauers vne infinité d'ombres & de nuages, iusques
à ce que nous ayons despouillé ce
voile corporel qui nous tient enuelo-
pez, pour pouuoir entrer dignement
dedans le sanctuaire, & veoir les choses qui sont reseruees aux yeux des
bien-heureux : iusques à ce que nous
ayons dechaussé, s'il fault dire ainsi, les
souliers de nostre ame, c'est à dire,
que nous ayons deslié ce qui la tient
attachee auecques les choses inferieures & corporelles, à fin qu'elle puisse

marcher

marcher à pied nud ſur la terre de promiſſion, & qu'elle puiſſe deuiſer auecques Dieu en la môtagne ſainĉte. Il fault donc que nous attendions la voix de l'Archange, le ſon de la trompette, la transformation du Ciel, le changement de la terre, la diſſolution & liberté des elements, le renouuellement & la reformation du monde: & ce ſera alors que nous verrons ce grand & illuſtre Ronſard, & nous ne le verrôs plus errant & vagabond ſur la terre, nous ne le verrons plus porté & accompagné au ſepulchre auec vne longue ſuitte de torches, & vne grande quantité de deuil. Nous ne le verrons plus excitant & eſmouuant tout le monde aux regrets & aux lamentations, comme il faiĉt maintenant: Mais nous le verrons luiſant, & reſplédiſſant, tout couronné de gloire & de lumiere, & tout enuironné des rayons de la diuinité : De la mesme façon, helas ! ô belle ame & glorieuse, que tu m'apparois en songe toutes les nuicts, ou soit que la verité de la cho-se, ou soit que la force de ma passion te represente ainsi à mon esprit. Ce pendant nous te saluerons par ces dernie-res parolles , pour donner congé à tes os & à tes cendres : & auecques ceste salutation te dirons Adieu , & prierons que la terrre soit legere à ton corps, que les fleurs nayssent en tout temps sur ta tombe, & sur ta sepul-ture, & que ton ame vole là hault au sein d'Abraham pour nous attendre en repos, & rendre ce pendant cest of-fice mutuel & reciproque de prieres & d'oraisons à ceux qui s'en acquittent dignement en ton endroict.

Repose doncques maintenant en paix , ô grand ornement des Muses & de la France : & vous qui estes icy pre-sents,

sents,qui auez eu ceste bonne rencontre d'assister aux obseques du grand
Ronsard , & qui auez eu la patience
d'ouyr ceste funebre & lamentable
oraison, pour l'hōneur que vous por-
tez à sa memoire : retournez vous en
de ce dernier acte bien cōtents & bien
satisfaicts en vous mesme du temps
que vous auez employé à vne œuure
si pleine de pieté & de deuotion, vous
promettant que le bon heur que vous
auez eu de vous trouuer à ses funerailles, destournera toute l'infortune
& toute la malencontre qui pourra
iamais tomber sur vous & sur les vo-
stres. Et quand vous serez arriuez en
voz maisons, annoncez à voz enfants
& que vos enfans racontent à leurs
enfans, que vous estes naiz soubs si
bons & si heureux auspices, que d'a-
uoir auiourd'huy aydé à inhumer &
ensepulturer le plus grand poëte qui

ayt iamais esté entre les François, à
fin que cela vous soit comme vne benediction hereditaire & perpetuelle,
qui passe de generation en generation, iusques à vos enfans &
à vos nepueux, & à tou-
te voftre po-
fterité.

SONNET,
A Monſieur DV PERRON.

VERSE, grãd du Perron, ſur ceſte ſepulture,
Verſe le doux Nectar de tes diuins propos,
Arroſant de Ronſard les cendres & les os:
L'odeur s'en eſpandra ſur la race future.

Le los du grand Ronſard, miracle de Nature,
Aux ſiecles à venir annoncera ton los:
Soubs meſmes monuments vous vous verrez
    enclos,
Et iouyrez tous deux d'vne meſme aduenture.

A pas egaux iront ſon renom & le tien:
Toy tu ſeras Mercure, & luy le Cynthien,
Faits enſemble immortels par ta bouche facõde.

D'vne gloire ſemblable on vous honorera:
D'eſtre loué de toy Ronſard ſe vantera,
Et toy tu te verras loué de tout le monde.

R. CAILLER Poiteuin.

R ij

Aduertiſſement.

En la page 91. *lignë* 8. *liſez*, de tous les autres.
Page 92. *lig.* 9. qui ſe ſeroit. 10. qu'il luy . 16.
du mal qu'il auroit à ſou.   *Pag.* 96. *lig.* 3.
comme ils les auoyent.